ノルウェー5大フィヨルド
自由旅行必携ガイドブック

サンタレター協会　塚本正巳・紀子　著

ソグネフィヨルド
ハダンゲルフィヨルド
ノールフィヨルド
リーセフィヨルド
ガイランゲルフィヨルド

愛育出版

目　　次

1. 初めに ……………………………………………………………………………… 3
2. ノルウェー５大フィヨルド ……………………………………………………… 6
3. ソグネフィヨルド ………………………………………………………………… 9
    3－1．フロムからソグネフィヨルドを行く　10
    3－2．ソグネフィヨルド本流を行く　17
    3－3．行き方　18
    3－4．ウルネススターヴ教会　20
    3－5．ボルグンスターヴ教会　22
4. ハダンゲルフィヨルド …………………………………………………………… 24
    4－1．ハダンゲルフィヨルドを行く　25
    4－2．ヴォーリング滝を探訪する　28
    4－3．行き方　31
5. ガイランゲルフィヨルド ………………………………………………………… 33
    5－1．ガイランゲルフィヨルドを行く　33
    5－2．行き方　39
6. ノールフィヨルド ………………………………………………………………… 41
    6－1．ブリクスダール氷河を行く　42
    6－2．行き方　45
7. リーセフィヨルド ………………………………………………………………… 47
    7－1．プレイケストーレンに登頂する　47
    7－2．行き方　55
8. ５大フィヨルド回遊計画 ………………………………………………………… 57
    8－1．予備知識を得る　57
    8－2．観光期間　57
    8－3．行き方　58
    8－4．回遊計画の検討　60
    8－5．自分の旅行計画を立てる　67
9. 詳細スケジュールの作成 ………………………………………………………… 68
    9－1．国内統合時刻表 Rutebok を使う　68
    9－2．Rutebok に掲載されない時刻表　79
    9－3．実地作成演習をしてみよう　79
    9－4．予定行程を検索してみよう　86

　　　　参考１．参考詳細スケジュール表　92
　　　　参考２．Timetable 関係路線掲載場所案内　95
　　９－５．検索が不調の場合の対応　98
　　９－６．他の方法で確認してみよう　99
10．気楽にぶらり旅派の方へ …………………………………………………… 101
11．手配を行う ………………………………………………………………… 102
　　11－１．自分で手配をする　102
　　11－２．変更、取り消しに備える　107
　　11－３．雨に備える　107
　　11－４．不測事態に備える　108
12．スマホ、タブレットの活用　　　109
　　12－１．Google 地図を使って所在場所を調べる　111
　　12－２．Google 翻訳を使って現地人と会話する　115
　　12－３．スマホ画像を使用する　116
　　12－４．ホテルの WIFI を経由して使い割安で電話する　118
　　12－５．TouchRetouch を使って写真の不要部分を除く　119
　　12－６．スマホの旅行用必須アプリ　120
13．旅の注意事項 ……………………………………………………………… 121
14．結　び ……………………………………………………………………… 124
　　付表１．ノルウェー時刻表の見方　125
　　付表２．フィヨルド‐アイウエオ順ノルウェー語地名一覧　128
　　付表３．航空会社アライアンス　134
　　付表４．関連サイト QR コード　135

1. 初めに

●本書作成の動機

　ノルウェーのフィヨルド地帯は世界で類を見ない美しい景色が連なる所ですが、最も楽しい歩いて自由に周遊するための適切な案内書が少ないのは残念に思われます。

　インターネットの進化、スマホタブレット、高速通信、ホテルのWiFiの普及などにより海外旅行は新時代に突入しました。

　事前の調査はもとより交通機関やホテルの手配も居ながらにして即時にできるようになりました。

　現地に着いてからホテル迄の道案内迄してくれます。

　その中で唯一今まで出来なかったのがフィヨルドを自由旅行するために必須のバスやフェリーの乗車スケジュール設定でした。

　ノルウェーでは伝統のある全国公共交通機関時刻表Rutebokがあり、日本における「乗換案内」などと同様に使われています。ただ日本人にとっては地名や駅名の入力が困難で活用することができませんでした。

　この度2013年に経験したフィヨルド回遊を通じこれを使いこなす必要性を痛感しました。

　そこで今般使いこなすための支援ツールを用意し、初めての旅行者でも使うことが出来るようにしました。

　また本書はリーセフィヨルドで同行した妻が帰路で両足がつり、ヘリコプターの救援を考える事態となりましたが、はいずりながらなんとか自力で戻ることが出来ました。残念ですが病のため今後は行くことが出来なくなりました。その時の頑張りの記念でもあります。

●ノルウェー

　ノルウェーはヨーロッパの東の北極圏にまたがるスカンジナビア半島の北側にある国でデンマーク、スウェーデン、フィンランドと共に北欧四国といわれています。ノルウェーといえばまず思い出すのはサーモンではないでしょうか。サバとかイワシも多く獲れ日本人の多くは月に一度や二度はノルウェーの魚をいただいていることでしょう。ノルディックウォークで散歩する人も多く見かけます。叫びで有名な画家ムンク、ペールギュントやピアノ協奏曲で親しまれる作曲家グリーク、イギリスのスコットと競争し南極一番乗りを果たした探検家アムンゼン、国連難民賞を作ったナンセン等を生んだ国でもあります。世界の紛争を調停する平和国家として知られています。氷河に覆われたスカンジナビア半島は氷河期が終わり、地球が温暖化すると氷河が流れ下りフィヨルドと呼ばれる独特の風景を生み出しました。特にノルウェーは半島の北側に位置し多くの人が厳しいフィヨルドの中で生きてきました。

●フィヨルドをめぐる歴史の理解

　フィヨルドの持つ魅力は、目で風景を見るだけでなく、厳しい自然を克服して生き抜いたノルウェーの人達の歴史を通して見る事の様に思われます。

　フィヨルド地帯から輩出したバイキング、その後帰った人たちが作った独特の構造のスターヴ教会、ドイツのハンザ同盟商人により水産物のヨーロッパ各地への販売、フィ

ヨルドの上の傾斜地に多く散在する放棄された牧場、旧郵便道路、各所に点在する対ドイツレジスタンスの戦争博物館等です。また多くの人がアメリカに移民し現在ノルウェーの人口と同数のノルウェー系アメリカ人がいます。
そんな事を念頭に置いて本書を作成しました。

旅行の方法

●電車＋バス＋フェリーを使って行く方法

現在のノルウェーの主力交通機関は自動車なので、乗客の少ないフィヨルド地帯のバスの運行本数は少なく、1日1～2本程度で乗り遅れは許されません。大きな荷物を持参するので一旦ホテルに行く必要があります。停車場周辺の人影はまばらでホテルなどに行く方法を考えておく必要があります。不便なことが多いのですが最も楽しく自由旅行を体感できる方法です。この本はそのためのガイドブックです。

●自動車＋フェリーで行く方法

多くの場所を短時間で回り、荷物を持ち歩きする必要がない自動車を利用して行くのが一番便利です。道路は年々整備され新しいトンネル、橋、道路が作られつつあります。国定景勝道路が多く設定されその半分はフィヨルド地帯にあります。この沿線に芸術家たちが芸術的建造物を配置する計画が進んでいます。バスと違いフェリーは夜間も含め頻繁に運行されていますので夜間の移動も可能です。

Googlemapやカーナビといった運転支援ツールが導入され安心して運転できるようになりました。

しかしノルウェーでの運転は日本と逆で車は右側通行、昼間もライト点灯が必要です。フィヨルドを走る道路は二車線でトンネルやカーブ、坂が多くトラックを含め相当のスピードを出して走っているように見受けました。またドイツとのレジスタンス時の経験からでしょうかバスの停留所に駅名がないなど案内表示が少ないように思いました。カーナビ、信号等事前に練習する必要があるように思われます。若く国際運転に自信と経験のある人に限られるでしょう。

●クルーズ船で周遊する方法

多くの旅行社のフィヨルドパッケージツアーがあります。簡便ですがその分感動が薄いように思われます。

●サイクリング

自転車専用の景勝道路があり、風を切ってフィールドの縁を爽快に走ったりフィールドを見渡しながら下り降りたりすることが出来ます。動力付き自転車を含めレンタルがあり乗り捨てが可能です。フロム、アイフィヨルド、ガイランゲル、ストリーン、スタヴァンゲル等の拠点にはレンタル自転車があります。

ただフィヨルド周辺はトンネル、急カーブや坂が多く多少マウンテンバイクの経験が必要なようで事前に少し練習をする必要があるように思います。

●旅行業者手配

従来JTBで手配をしていましたが今回は特殊な地域を回遊するので北欧専門の大手旅行業者に希望する行き先と日程に沿った手配を頼みました。旅行業者ではノルウェーナットシェルと、ハダンゲルナットシェルという定番ツアーを組み合わせソグネフィヨルドとハダンゲルフィヨルドを回遊した後ベルゲンに戻り沿岸急行船でガイランゲル迄行くルート、ベルゲンからスタヴァンゲルに行きリーセフィヨルドのプレーケストーレンに登頂するルートの交通及び11か所中9か所のホテルの予約は手配をしてくれました。

それ以外のルート、ホテルについて旅行業者は取り扱い出来ないので各自手配するようにという事でした。

●今回旅行の反省

そんなことでサポートが得られなかったフロムからラールダール間、2つのスターヴ教会、アイフィヨルドからフォスリ（ヴォーリング滝）間、ガイランゲルからノールフィヨルド間をうまく行けるか不安を抱えて出発しました。

現地の旅行案内所やホテルで問い合わせてなんとか予定通り行くことができましたが、事前にスケジュールを決め、安心して旅行できることが望まれました。

自分の望むコースに沿ってフィヨルドを回遊するには旅行会社に頼ることができない、自分でスケジュールを作り手配することができる能力を身に付けなくてはならないと言う事を痛感しました。

本書は以前の3度の経験と2013年7月に5大フィヨルドをMyway流に歩いて回遊した時の反省に基づき作成したものです。

本書はバス、フェリー時刻表を含む日程を作成するための方法や手配方法、注意事項を載せ参考に供しています。これにより詳細スケジュールを立てることができますので、都会の人はもとより地方の人も居ながらにして自分で計画を立て自分で手配をすることができるでしょう。

未熟なところも多くありますが本書を参考にして多くの方が世界で最も美しくすがすがしいノルウェーの5大フィヨルドを自由に楽しむことが出来るようになれば幸いです。

ヴァイキング船ロングシップ

昔からの輸出品干しタラ

2. ノルウェー５大フィヨルド

５大フィヨルド配置図

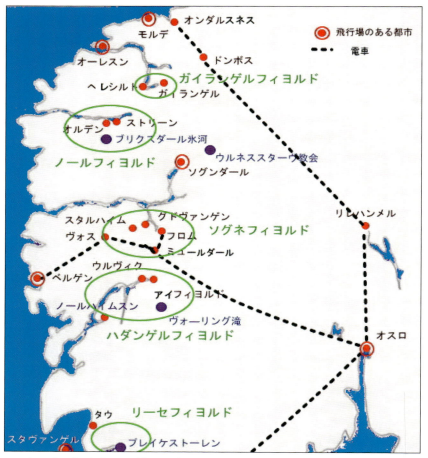

　スカンジナビア半島は一面氷河に覆われていましたが氷河期が過ぎ地球が温暖になると地面は隆起、氷河は谷を削って海に落ち、両岸の岸壁をえぐり取りフィヨルドと呼ばれる独特の風景を形作りました。スカンジナビア半島の海沿いの至るところにフィヨルドはありますが特に北側にあるノルウェーは顕著です。その中で特に景色の良い所としてノル

ウェーの５大フィヨルドと呼ばれているのが北からガイランゲルフィヨルド、ノールフィヨルド、ソグネフィヨルド、ハダンゲルフィヨルド、リーセフィヨルドでガイランゲルフィヨルドとソグネフィヨルドの支流ネーロイフィヨルドは世界遺産に指定されています。静かな狭い海峡の切り立った両岸の高い岩壁の上のあちこちから滝が流れ落ちる独特なフィヨルドの景色に加え、それぞれ特色を備えた五つのフィヨルド群は世界有数の景勝地です。ここを訪ねることができれば生涯の宝物になることでしょう。

各フィヨルドの特徴

●ソグネフィヨルド

　ベルゲン急行が止まるミュールダールから世界で有数の車窓風景の美しいフロム鉄道でフロムまで下って行くことが出来、ノルウェー随一の観光スポットとしてノルウェーナットシェルの名前で通し切符が発売されています。ソグネフィヨルドの支流であるネーロイフィヨルドは世界遺産に登録されています。スタルハイムからの絶景は昔から観光客の憧れでした。ソグネフィヨルド周辺はバイキングの故郷と呼ばれ後裔が作ったスターヴ教会やオスロ－ベルゲン間を手渡しで郵便配達した旧郵便道路も点在します。

●ハダンゲルフィヨルド

　ソグネフィヨルドと隣り合わせにありセットで行く人も多くいます。ソグネフィヨルドと同様にベルゲン急行の停車駅であるベルゲンやヴォスからバスで行けるのでハダンゲルフィヨルドナットシェルとして通し切符が発売されています。ソグネフィヨルドに比較し幅も広くゆったりとし暖かいので六月には果樹の花が丘一面に咲く美しい景色でも有名です。滝壺の上から水煙をあげて遥か先の平原まで流れ落ちるヴォーリング滝の絶景は必見です。

●ガイランゲルフィヨルド

　他のフィヨルドに比べ幅が狭く周りから迫ってくる風景は強い印象を与えます。クルーズ船は七姉妹滝の下を、しぶきを浴びて潜り抜け両岸に迫る滝や岸壁を見て戻ります。陸につけば両岸を滝や岸壁で囲まれ天国の底にいるような気分にさせられます。稀な美しい所として世界遺産に登録されています。ガイランゲルフィヨルドに通じるオーレスンやオンダルスネスからの経路も魅力的で楽しさを付加してくれます。

　やや交通の便が悪いが最も魅力あるフィヨルドと云われます。

●ノールフィヨルド

　オルデンからオルデ湖の周りの清々しい道を、遠くに巨大な滝が流れ落ちる山裾を見ながらブリクスダール氷河へ向かいます。バスを降り氷河が流れ下る所迄、巨大な滝が流れ落ちもうもうと虹を作って水煙を上げる中を通り、清々しい道を登っていくと前方に氷河が舌の姿をして流れ落ちる不思議な姿が迫ってきます。帰りはその姿を振り返りつつ前方に二筋の滝が流れ落ちる美しい山並みを見ながら帰ります。他のフィヨルドに比べ北にあるせいか滝は巨大で水量が多いと感じました。遠方な上、見学時間を確保す

る必要もあり前日宿泊し一日一本のバスで往復します。

● リーセフィヨルド
　登り口から2時間をかけて昇った後に、せり出した岩壁の上からおっかなびっくり見る絶景は強い印象を脳裏に焼きつけます。最もアドレナリンが湧くエキサイティングな経験になることでしょう。最寄りの拠点であるスタヴァンゲルは北海油田の拠点のノルウェー第3の都市で、鉄道や空港もあり交通は至便な場所です。スタヴァンゲルからプレイケストーレンの登り口までフェリーとバスで行きますが本数はかなりあります。子供連れを含む多くの人が登っています。

● 各フィヨルド案内リーフレット（60～100ページ英語版）
　各拠点の案内所から取り寄せることが出来るでしょう。
　英語版と指定して返信用封筒に返信先氏名・住所（国名含む）を記入し、ノルウェー切手を貼るか着払いにして申し込んでみて下さい。（ベルゲン観光案内所はフィヨルド観光の拠点ですので5大フィヨルド全てのリーフレットを取り寄せられるかもしれません。）

オスロ ヴァイキング船博物館

同左に隣接する民俗博物館

ベルゲン ハンザ博物館

棹に大量に干されるタラ

3. ソグネフィヨルド

世界遺産に指定された支流ネーロイフィヨルド

ソグネフィヨルド全体概要

　ソグネフィヨルドはヨーロッパ最大のヨステダール氷河国立公園、ノルウェーの最も高い山々を抱えるヨトゥンヘイメン国立公園の麓を流れる全長204キロにわたるノルウェーで最も有名なフィヨルドです。周りにネーロイフィヨルド、ルスタフィヨルド、フャーランフィヨルド、フィナフィヨルド、アウルランフィヨルドなどの支流を持っています。その内ネーロイフィヨルドはユネスコの世界遺産に登録されています。

　またソグネフィヨルド周辺はヴァイキングの故郷としても知られ、彼らの子孫が残した独特の姿をした木造のスターヴ教会が点在しています。

　交通至便で最も魅力がある場所を選りすぐりフロム渓谷を上り下りするフロム鉄道、アウルラン・ネーロイフィヨルドクルーズ、絶景スタルハイム峠を組み合わせた通しの切符がノルウェーナットシェル（Norway in a Nutshell）として売り出されています。日帰りで一周コースする人が多いようです。今回はじっくり周るべくフロム、スタルハイムで途中下車しました。ノルウェーナットシェルは2月間の有効期間中順路での途中下車、宿泊

が出来ます。

今回は行きませんでしたがソグネフィヨルドの本流をめぐる、ソグンダールを起点にしたルートがあります。ソグンダールは空港があり、東西に走るバスや船の中継地で、ベルゲンからもフェリーが出ており至便な観光拠点です。

3-1　フロムからソグネフィヨルドを行く

●出発前にオスロで予備知識

オスロからベルゲン鉄道に乗車する前に予備知識を得ておくことにしました。オスロからビィグドイ方面行きのバスに乗り、ヴァイキング船博物館前で降りて、フィヨルド地帯で生まれたヴァイキングについて知り、隣接するノルウェー民俗博物館で、スターヴ教会や当時の家屋や生活を見ます。同じバスで市内に戻り歴史博物館でノルウェーの歴史を概観できます。1ブロック先の国立美術館で昔のフィヨルドの暮らしの絵やムンクの代表作を見ることもできます。

●ベルゲン鉄道でミュールダールへ

ベルゲン急行はノルウェーの二大都市オスロとベルゲン間を結ぶ幹線鉄道で、山岳地帯を除雪しながらの難工事の末 1909 年完成し、国王出席のもと開通式を祝いました。日本の東海道新幹線と言うところでしょうか。ノルウェーの背骨を走るハダンゲル高原を横切って 1,222 メートルの高所を走ります。フィヨルドから流れ落ちる滝の源流がある山上の氷河の跡の荒々しい姿を車中から見る事が出来ます。

今回はオスロからベルゲン急行を使ってミュールダールへ出てフロム鉄道に乗りフロム迄行きました。このルートはノルウェー観光の目玉になっています。

スタートからつまずいてはいけませんから前日オスロ中央駅まで行って乗り場を確認してきました。ベルゲン急行は1日5本位ありますがフロムに午後早めに着くよう8時過ぎの列車に乗りました。夏のシーズンですが平日なのでざっと見回すと3分の1程度は空席です。自動車利用が多いのでしょうか。列車はいくつかの駅に停まりながら森や平原をしばらく進んで行きます。3時間半を過ぎるころから岩と灌木の風景に変わってきます。高度1,000メートルまで登ると雪をかぶった山に囲まれて、氷河で削られた湖や池が現れてきます。そこから流れ出た水が急流となって線路の脇を流れています。雪の深いところですから雪崩や落石を防ぐシェルターをくぐって進みます。

やがて4時間ほどで最も高い高度 1,222 メートルにあるフィンセ駅に着きます。駅近くにはベルゲン鉄道の建設労働者博物館や標高 1,222 メートルの名前をとった 1,222 ホテルがあります。前の駅ヤイロと共にハダンゲル高原の氷河ツアーやスキーの拠点になってい

ます。
　またここはフロム渓谷を下りフロム迄下りるララール街道サイクリングという人気のサイクリングコースの出発地で、毎年2万人の人が利用するそうです。（前の駅のハウガストルから登り坂をフィンセまでくるロングコースもあります）。ここからは10kmに及ぶフィンセトンネルを通り30分の後、標高866メートルのミュールダールに到着します。

●フロム鉄道の美しい車窓からの風景をみてフロムへ
フロム鉄道でフロムへ
　ミュールダールでベルゲン急行を下車し10分程すると隣のプラットフォームにフロム鉄道の列車が入ってきます。駅には売店があって記念乗車スタンプ、フロム渓谷の地図を貰うことができ土産物も売っています。駅の周りには何もありません。乗車口に並んで列車を待っていましたが列車が来ると我先にと殺到して順番も何もなくなってしまったのには驚きました。前回はフロムに向かって右側の席でしたので今回は左側の席につきました。やや左側の方の展望が良いように思いました。距離は20キロ、高低差860メートルの谷を約1時間かけて下り降ります。
　出発するとすぐトンネルに入り中で180度回転します。トンネルを出るとすぐ谷の向こうに赤い建物が小さく見えます。その昔はサナトリウムだったそうですが今は景観が良いことで有名なヴァトナハルセンホテルです。

　やがてヒョスの滝に差し掛かり5分ほど見学停車します。幅広い滝から氷河の雪解け水が大量に目前に流れ落ちて、水しぶきがもうもうと立ち込めています。滝の横に鉄道工夫を誘惑し困らせたと言う「フルドラ」と言う妖精が現れ音楽が聞こえます。フィンセの北にある高度1,700メートルのオームズ氷河が源流で、滝ノ下には水力発電所がありフロム鉄道が使う電力を供給しています。

　進むに従い谷の両側に広がる緑の森林、谷の間の空に舞うハヤブサ、降りるにしたがって樹木の様相が変化してゆく林、下を流れる渓流、崖から流れ落ちる大きな滝と次々と変化してゆきます。
　単線ですので中央のベレクヴァム駅で上りと下りがすれ違います。鉄道の少し下に沿って続く旧工夫道路を通ってサイクリングをしている人が見えます。さらに下ると農場と牧舎が見えるようになりフロムに近づいてきました。船着場は降りたらすぐです。フィヨルドクルーズの出発まで2時間ぐらいあります。帰りの車両でレンタル自転車を送り返しているのが見えました。

フロム

フロム駅はクルーズ船が接岸するフィヨルドの目の前にあり、周辺には旅行案内所、荷物預り所（有料）があります。近くにフロム鉄道博物館や伝統のあるフレイシャーホテル、スーパーマーケット、レストランや地ビールの醸造所があります。

交通の便も良く、アクティビティーも豊富でフロムほど色々な楽しみを備えているところは少ないでしょう。中継地として素通りするのではなく一両日滞在すればフィヨルドを満喫することができます。フロムは過去3回来ています。1回目は素通りしましたが2回目は待ち時間にブレッケ滝まで、今回は近くの農園を一周するコースをトレッキングしました。空き時間を利用したトレッキングコースのパンフレットが案内所にあります。

私たちはウルネス、ボルグンスターヴ教会を見に行くために途中下車して一旦フロムを離れラールダールへ行くプランを立てました。ラールダール行のバスの出発時間を聞くために観光案内所に行きましたが旅行者で立て混んでおり話を聞いてもらえる雰囲気ではありませんでした。ようやく時刻表をもらってラールダールに行くバスは2時間おきにあることが分かり安心しました。発車場所を確認し川のほとりを散歩して待っていました。

●ネーロイフィヨルドクルーズを行く

2つのスターヴ教会を訪ねた後ラールダールからフロムに戻りグドヴァンゲンに至るネーロイフィヨルドクルーズに乗船しました。乗船時間は2時間、距離は46km、ソグネフィヨルドは200kmに及ぶ長いフィヨルドですが、フロムからはその支流であるアウルランフィヨルドを通って、バイテレンと言うところで左に進路を取り、ネーロイフィヨルドに入りクドヴァンゲン迄行きます。

フロムを出発するとすぐ右手にアウルランの村落が見えます。以前立ち寄ったのですがアウルランからラールダールまで世界一長いトンネルが2000年に開通しフロムからの道路網が整備されたので停まらなくなったのでしょうか。あらかじめ下船の依頼をすれば停ってくれます。

やがて左側にウンドレダールと言う小さな村落が見えます。観光客や住民が乗り降りします。ここは北欧一小さな教会がありヤギの乳から作るゴートチーズが名物です。狭い崖にヤギが点々とへばり付いているのが見えます。船は近づいて行き餌をあげていました。

やがてバイテレンと言う両側に大きな岸壁が迫った狭いところにさしかかり、左に曲がって支流の世界遺産ネーロイフィヨルドに入り、船はゆっくりと行きます。

この辺りは流れ落ちる水によって塩分が薄くなって冬になると一部氷が張るときがあります。鮭、鰊、鰯、フィヨルドアザラシなどがいます。

左右の絶壁のうえから所々滝が流れ落ちるのを見ながら両岸を高い山に囲まれた静かな暗い感じがするフィヨルドを進みます。雨天の方が雰囲気に馴染むと言われています。

崖の途中の平らになっているような所や岸辺に散在する農場や旧郵便道路が見えます。これらの農場は少し前まで酪農がおこなわれていましたが、1350年頃流行したペストで壊滅状態になり、300年後復活した後、1800年代に入りアメリカへ多くの人が移民すると共に、近代に入り義務教育の導入などで今は多くは廃棄され、人は住んではいません。

やがて両岸のデュールダール、スティーヴィの村落を通過してグドヴァンゲンの街が見えてきます。グドヴァンゲンに着くとすぐバスが待機していてスタルハイムを経由してヴォスに向かいます。

グドヴァンゲン

船着場に着いて上を見上げますと、両側の1,200メートル絶壁から落ちてくるシェル（Kjelf）滝のしぶきが、霧雨のようになびきながら降り注いでいます。圧倒される大自然の厳しい風景です。この辺りはヴァイキング達の故郷といわれ、ヴァイキングにあやかったクドヴァンゲンフィヨルテル（ホテル）、ヴァイキングの洞窟があります。

ここ西フィヨルドのヴァイキング達は、北を目指しアイルランドやアイスランドに行き、アメリカにも行ったと言われています。ヴァイキングたちが故郷に新しい白い神、キリストを持ち帰り、後裔たちはヴァイキング船を作った伝統の工法を使って木造のスターヴ教会を作りました。目の前のバス乗り場にはいろいろなツアーのバスが待機しています。

歴史あるグドヴァンゲンを探索したいのですが残念ながらすぐ出発です。

高い山に囲まれたネーロイ峡谷の絶壁の間の道を進みます。延々と雪崩をせき止めるための巨大な土塁が谷の両側に垂直に築かれています。何やら厳粛な気持ちにさせられます。

30分ほど行きますと海抜420メートルにあるスタルハイムホテルが遠くに見え、スタルハイムの急坂に差し掛かります。バスはスタルハイムで5分ほど見学停止します。

●スタルハイムのパノラマ絶景

バスは丘の上にあるスタルハイムホテルの前で止まります。5分程度見学停車しホテルの前の庭から今登ってきたパノラマ風景が眼下に広がる絶景を眺望します。

この絶景の地にホテルが出来て以来、ヨーロッパ中から賓客が訪れる有名な景勝地となり、多く画家がここからの景色を絵画に描いています。

私どもも過去2回ここを経由しましたがそのたびにゆっくり訪れてみたいものだと思っていました。今回はスタルハイムに16時に到着。途中下車1泊し翌日16時出発予定で1日ゆっくりすることが出来ました。当日は曇っていましたが前の庭に出て遙かに広がる有名な渓谷のパノラマ眺望を見、庭の先端から深い谷をのぞき込みました。

翌日朝はホテル内の広いアンティークな家具に囲まれたラウンジでゆったりとコーヒーを飲みながら絶景を脳裏に刻み付けました。

ホテル周辺の見所は4コースありホテルのフロントで案内をもらえます。
　翌日勧められたノーリ農場跡を目指しましたが、雨がひどくなり途中で引きかえしたのは残念でした。
　1、屋敷内にあるスタルハイム民俗博物館
　　　中世後期以降の農民や領主の生活ぶりの歴史を展示している。見学するには別途受付に依頼し開けてもらう。
　2、スタルハイム滝　下って2km
　　　ホテルの横から下るとすぐに、この近くの農場で育った偉大な詩人ペールシヴレの銅像が建っています。彼は当時デンマーク語で書くのが一般的な中で、忘れられたノルウェー語で詩を書き、ノルウェー独立の意識形成の先導者でした。標識に従い途中シヴレ滝を横目に見ながら2キロほど綴れ道を降ると、川にぶつかりので橋をわたり曲がっていくと滝の近くまで行くことができます。近くにホテルからのスタルハイムリフトのプラットフォームもあります。
　3、ベルゲン行王立旧郵便道路　片道2時間、平らな道の坂を登り降りして5km
　　　ベルゲン鉄道ができる以前は、オスロ－ベルゲン間を農民達から選ばれた郵便配達夫が、雪の冬も馬車や徒歩で1人当たり約10kmを手渡しリレーして7日間で結びました。その道を周りの美しい平原、森、渓谷、農場を眺めて進み、1750年に作られた美しい橋を渡るとやがて歩道が尽きるところで引き返す。さらに行きたい人は商店のある所で帰りのバスに乗って帰ることもできます。
　4、ノーリ旧農場跡地　2.5km、1時間／片道
　　　ホテル横の案内に沿ってだらだら坂を登って行きます。途中所々に展望台があります。森の中の湿った滑りやすい所やロープを使うような崖があるので注意して行きます。農場跡地のヘリに佇むとスタルハイム、ネーロイ渓谷、ヘアピンカーブを描く坂道道路を一望する絶景を見ることができます。住んでいた農民たちは1920年から1925年の間に出て行き農場は廃棄されています。現存する建物の残骸や石壁が当時の苦労を忍ばせます。

　民俗博物館で当時の生活状況を知って、ノーリ旧農場跡地に行き、旧郵便道路を歩けば、少し前の時代のフィヨルドの縮図を体験することができます。ヴォス－クドヴァンゲン間のバスは往復毎日5－6本あるのでスタルハイムホテルに宿泊せずとも周囲のトレッキングはできそうです。
右　トレッキング4コースの案内版

ヴォス

　5分の小休止の後バスは有名なヘアピン状のつづれ坂を下って行くと両側に大きな滝が見えます。右に見えるスタルハイムの滝（落差126メートル）と左に現れる大きなシヴレの滝（落差240メートル）です。今はトンネルが出来て有名なこの急坂も脇道になっています。

ツヴィンデの滝

　ヴォスまでは落ち着いた穏やかな風景の中を行きます。
　道路右横の郵便道路と併走して行った後、オップハイム湖のほとりを通って進みます。やがて大きな階段状になったツヴィンデの滝が見えてきます。
　ここから15分余り平坦な道を行くとだんだん家が見えるようになりやがてヴォスです。

●参考　フラムで途中下車しアクティビティを楽しむ
　単なる中継地ではなくソグネフィヨルド観光の最大拠点でトレッキング、サイクリング、ラフティング、カヤック等各種のアクティビティが楽しめます。
　ここを拠点としてスターヴ教会に行くこともできます。

1、フロム渓谷を歩いて下る
　　フロム鉄道には8つの駅があり、事前に依頼すると停車して下車できます。
　　道は整備されており、途中まで歩いて途中乗車することもできます。
　　地図入手先　フロムカストマーセンター
　　一旦鉄道にて下った後、ルートなどを確認して、再度鉄道で上って下車し、歩いて下るのがお薦め。
　　出発駅ミュールダールから20km　5時間、中間のベレクヴァム迄　2－2時間30分。サイクリングも可能　2時間
2、オッテルネス農場
　　アウルランとの間の丘陵にある近くのリンゴ農場を訪ねます。短時間でフィヨルド景観と古生活を体験できます。
　　ツアーバスがフロムから2回出る。軽食付きもある。
3、アウルランとラールダール間の国定観光道路にあるステーガスタイン展望台から
　　パノラマ展望　往復1時間30分　バスは頻繁にあります。
4、ウンドレタールで下船し（2時間）、山羊牧場や教会を見て山羊チーズを試食
　　その後グドヴァンゲン迄回遊しバスでフロムへ戻ります。

●ベルゲン発の各種アクティビティを加え充実させたツアー（又はヴォス発）
　ベルゲン鉄道＋フロム鉄道＋途中下車サイクリングでフロムへ＋サファリでフィヨルド回遊＋ヴォスでラフティングを加えるものもある。
　フロム鉄道ベレクヴァムで途中下車しフロム迄の11キロのサイクリングは下りで道路が整備され中級レベル。

●ララール街道サイクリング　53キロメートル　6時間
　ベルゲン鉄道のフィンセ駅で下車し、元工夫道のララール街道を自転車でフロム迄滑降する人気サイクリングコース。一部がれき道もあり、山岳地帯でのカーブ、ブレーキ操作を要するのでマウンテンバイクの経験が必要と思います。フィンセからは平坦、下りが主ですがハウガストルからフィンセ迄の登りを加味した完全コースもあります。装備はレンタル。降車地返却。

3−2　ソグネフィヨルド本流を行く

　ソグンダールは空港があり、東西に走るバスや船の中継地で、ここを拠点として各地へ行くこと出来ます。

1、フャーランから　氷河博物館＋ボイヤ氷河、スッペラ氷河へ行く
　　詳細案内時刻表　3時間30分
　　ベルゲンからのツアーもあります

2、ヨステダールから　家族で行けるニガード氷河へ行く
　　家族コース　1時間
　　短縮コース　3時間30分

3、ヨトゥンヘイメンでの登山
　　ここを出発点にヨトゥンヘイメン国立公園を横切り、2,500メートル級の高山が連なるソグン高地を行くルート55を行き、途中に散在するロッジに寄って登山やトレッキングを楽しむことができます。ここはノルウェーの登山のメッカで、夏には一日2回オッタからソグンダールまでバスが通ります。
　　時刻表　rutebok timetable　Sogn og Fjordane　Otta-Lom-Sogndal 23-190

4、スターヴ教会
　　ソグネフィヨルド沿いはヴァイキングの故郷で、帰国した人達か作ったスターヴ教会が散在しています。
　　ウルネス、ボルグン、カウパンゲル、ホッペルスタッド教会に行くことが出来ます。

5、ソグネフィヨルド、ネーロイフィヨルドクルーズ
　　ソグンダールからカウバンゲルに行きボートに乗船しソグネフィヨルド経由ネーロイフィヨルドを通ってグドバンゲンに行くフィヨルド観光コースもあります（2時間30分）。夏は4便あります。

3-3　行き方

行き方
●フロムに行き、クルーズ船に乗船しクドヴァンゲンで下船し、バスにて、ヴォス、ベルゲンへ戻る
　1、オスロ、ベルゲン、ヴォス（いずれもベルゲン急行が停車）からミュールダールに行きフロム鉄道に乗車しフロムに行く
　2、オスロからバスでラールダールに行き、乗り換えてフロムに入る
　　　（ラールダール－アウルラン間に世界有数の長いトンネルができて便利になった）
　3、ソグンダールからバス、又はボートでフロムに入る
　4、ベルゲンやヴォスからバスでグドヴァンゲン－フロム間のトンネルを経てフロムに行く
　5、ベルゲン、ヴォスからの催行ツアーでフロムへ

●逆回り
　ベルゲンからバスでクドヴァンゲンに行きクルーズ船に乗船しフロムで下船し、フロム鉄道に乗りミュールダールにいき、ベルゲン鉄道に乗り換えオスロ、ベルゲン、ヴォスへ戻る。またはフロムからバスでソグンダールへ行く

詳細スケジュールの作成
　旅行経路が定まり次第詳細スケジュールを作成します
　9－4に記載の出発到着駅を入力し出発年月日を設定して検索する
　うまくいかない場合は、9－4参考2、Timetabe 関係路線掲載場所案内にある関係する路線の時刻表や9－4参考1、詳細スケジュール表（2016年夏版）を参考にして再度やってみてください。夏は、フロム鉄道は1日10便、フィヨルドクルーズは9便あります。ステーガスタィン展望行きバスは往復1時間30分10便あります。フロム－ソグンダールは船便もあります。

●オスロ－ベルゲン間荷物転送サービス
　　オスロ－ベルゲン（双方向）間のホテル間の荷物転送サービスを利用しソグネ、ハダンゲルフィヨルドを軽装で回遊出来ます。
　　ホテルで朝6～7：45の間に集荷し当日夜9時迄に着きます。250NKR。
　　前日フロントに預けると良いでしょう。対象外のホテルもありますので問合せ下さい。
　　詳細　http://www.porterservice.no/
　　日本語ページ、対象外ホテルの案内もあり多くの旅行会社のツアーに取り入れられています。
　　オスロ中央駅19番フォームにある Ekspressgods のオフィスで申込も出来る。
　　オスロ～ベルゲン間の主な駅、またはホテルで受取ができる。
　　営業時間が月～金の7：00～20：00

ベルゲン急行途中駅フィンセ

フロム鉄道車窓絶景

3-4 ウルネススターヴ教会

●ノルウェーのスターヴ教会

　ノルウェーのフィヨルドの周りの生活は大変厳しい。寒いだけでなく場所も狭く収穫は少ない。山のヘリの狭い平らなところでの牛やヤギ、羊などの牧畜が主であった。そのため長子相続から外れた次男三男はヴァイキングとなって外に出たと言われています。フィヨルドはメキシコ暖流に囲まれて冬でも凍らず、その入口はヴァイキングの行き帰りの場所となった。最も不便な所がヴァイキング船によって最も世界と直結した所になったのである。ノルウェーのスターヴ教会は主に12世紀に作られフィヨルドの奥に点在する。特にソグネフィヨルドの周辺に多い。ウルネス教会もボルグン教会も同様である。

　スターヴ教会はヴァイキング時代が終わった後、西欧各地で接したキリスト教や文化を吸収し故郷に戻ったヴァイキングの後裔たちが、伝統の木材や造船技術を駆使して作ったもので

す。工法は北欧で一般的な丸太を横たえ積み上げるログ工法でなく、円形柱材（スターヴ）をたてて梁を釘や金具を使わず、壁に厚板を張って強化するスターヴ工法を採用している。天井はヴァイキング船の骨組みを摸して作られている。そのため中はゴシック建築に似て、吹き抜けのようになっており、天に向かって厳かさを演出している。屋根はうろこのような木片の瓦が鎧のように貼られている。全体は腐らないようにタールが塗られて黒い外観を呈しています。

壁や入口にはヴァイキングに由来する組紐文様の浮彫がされています。
こういった物が1,000か所位作られたといわれているが現存するものは28か所です。

● ウルネススターヴ教会

フロムからバスでラールダールにきて一泊し、翌朝バスでソグンダール経由ソルヴォーン行に乗り換え、バス降り場前のソグネフィヨルドの支流ルスター（Luster）フィヨルドに面した埠頭で、静かでゆったりとした気分でウルネス行きのフェリーを待っていました。

フェリーに乗り、周りのフィヨルドの景色を眺めていると20分程度でウルネスの埠頭につきます。

そこから畑に沿って蛇行する坂道を登っていきます。途中路上販売のいちごをつまみながら、足下のフィヨルドの美しい風景や周りの畑を眺めつつ、ゆったりした歩調で30分ぐらい行くと、やがて道の曲がり角に教会の屋根が姿を現します。

薄茶色の木造のとんがった屋根の独特のスターヴ教会が見えてきます。門の前には売店を兼ねた案内所があり、入場券を買って敷地の中に入りました。入場は1時間おきにガイドが案内してくれます。12世紀に立てた木造の建物は腐敗もなくしっかりして古さを感じさせません。ヴァイキング船の技法を取り入れた伝統様式の木造建物で周りに彫刻を施した独特の姿です。

ウルネススターヴ教会は現存する中で最も古く保存状態も良いので世界遺産に登録されています。その後周囲を一周して色々の角度から教会の美しい姿を眺めました。

こんな離れた不便な所に遠くから信者達が徒歩で集まってくる姿を想像します。バラバラと離れて放牧で生活する人達が遠くから来るのはさぞ大変なことに思われますが、人恋しくも、しばらくぶりで会ってよもやま話をするのはきっと楽しいことであった事でしょう。

詳細スケジュールの作成

旅行経路が定まり次第詳細スケジュールを作成します。
9－4に記載の出発到着駅を入力し出発年月日を設定して検索する。
うまくいかない場合は、9－4参考2、Timetabe 関係路線掲載場所案内にある関係す

る路線の時刻表や9－4付表1参考　詳細スケジュール表（2016年夏版）を参考にして再度やってみてください。フロムから行く便は一本でソグンダールを経由ソルヴォーンに行きフェリーでウルネスに行きます。帰りは同じルートで戻ります。

午前中に行くにはソグンダール宿泊になります

ウルネスに渡ったら、30分ほどゆったりした畑に囲まれた坂道を、フィヨルドを眺めながら歩いて行くとやがてスターヴ教会です。

見学滞在期間1時間を含め2時間あれば良いでしょう。

ソグンダールーソルヴォーン間のバスは土、日曜日は運航されないので行けません。

3－5　ボルグンスターヴ教会

ソグネフィヨルド交通経路図

翌日、宿泊しているラールダールからバスを乗り継いでボルグンスターヴ教会へ行きました。バスを降りると丘の上にあるウルネス教会と違い前方の畑の中に屋根の上にドラゴンを掲げた黒い建物が見て取れます。

ボルグン教会はヴァイキング期が終わった1180年に建てられました。屋根の横の破風にウルネス教会には無いヴァイキング船の龍頭に似た4つのドラゴン装飾を立て、正面には十字架が掲げられています。屋根にはうろこのような木片の鎧状の瓦が拭かれ、建物全体に真っ黒いタールが防腐剤として塗られています。建物の外側には回廊が張り巡らされ

外壁と出入り口を保護しています。30分程度に入れ替え、ガイドが中を案内してくれます。そのあと周りが広いのでぐるりと一周していろいろの角度から眺めることが出来ました。

オスロからの幹線道路近くの支線にあるのでオスロからソグネフィヨルドにくる多くの団体バスが立ち寄ってきます。しかし公共のバスの本数は少なく運航は1つに集約されます。

詳細スケジュールの作成

　旅行経路が定まり次第詳細スケジュールを作成します

　9－4に記載の出発到着駅を入力し出発年月日を設定して検索する

うまくいかない場合は、9－4参考2、Timetabe 関係路線掲載場所案内にある関係する路線の時刻表や9－4参考1、詳細スケジュール表（2016年夏版）を参考にして再度やってみてください。

　ボルグン教会はラールダール・ティーインクリィセ間の支線上にあります。
ラールダールはソグンダールやフロム・ヴォス・ベルゲンとつながっています。
ティーインクリィセはリレハンメル、オスロ方面行バスとつながっています。教会はバス停留所すぐなので1時間の見学時間があれば充分です。

　リレハンメル方面から来た場合は戻るバスがなくラールダール、フロム、ヴォスへ行くことになります。

ウルネスへ渡る船乗場

古代ルーン文字

4．ハダンゲルフィヨルド

ハダンゲルフィヨルド概要

　ハダンゲルフィヨルドはソグネフィヨルドの南に隣接し、ソグネフィヨルドと並ぶ2大フィヨルドです。支流にアイフィヨルド、ソルフィヨルドがあり周囲にハダンゲル高原国立公園、フォルゲフォンナ国立公園を擁しています。
　ハダンゲルフィヨルドはソグネフィヨルドに比べ幅が広くゆったりとして、温暖で緩やかな斜面に果樹園が広がり、5月、6月のシーズンは美しい花が一面に咲くことで有名です。
　行き方はヴォスからバスでウルヴィクに行き、そこからクルーズ船でアイフィヨルドに行き3時間弱一時停泊の後に、再出発しノールハイムスンまで回遊しバスでベルゲンに戻る、またはその逆で行きます。ソグネフィヨルド同様交通の便が良いので巡回する通し切符はハダンゲルナットシェルの名前で販売されてノルウェー観光の定番の一つになっています。今回行くにもこの経路を使っていきました。アイフィヨルドでの3時間弱の一時停泊に合わせいろいろのアクティヴィティがありますが、その呼び物は必須ヴォーリング滝回遊バスです。

4−1　ハダンゲルフィヨルドを行く

●ヴォスからウルヴィクへ出発

ソグネフィヨルドより夕方戻りヴォスに一泊した後、翌日朝ハダンゲルフィヨルドクルーズに向かいました。

ヴォスはハダンゲルフィヨルドとソグネフィヨルドの中間にありどちらへも最短に行くことができます。今回は行けませんでしたが釣り、カヌーなど各種のアクティビティーができます。最近アドレナリン一杯の極限スポーツのメッカとして有名になりました。大会の時期には多くの恐れ知らずの若者が世界中から集まります。

ヴォス民俗博物館見学、ハングレン山頂からの眺望があります。

ヴォスからバスで途中大きなシェルヴェ滝（Skjervsfossen）をみてウルヴィクに行きました。

●ハダンゲルフィヨルドクルーズに乗る

　ウルヴィクに到着するとすぐ待機しているクルーズ船に乗り込みました。
　両岸から流れ落ちる滝をみながら静かなフィヨルドを進んでいくと遥か先に美しい橋が見えましたがやがて消えてアイフィヨルドに向かって進みます。

●アイフィヨルド（途中下車）

　アイフィヨルドに到着するとすぐ脇に観光案内所があります。
　クルーズはここで3時間弱停泊しその後ノールハイムスンに向かいます。
　ここを出発点としてバスや車でハダンゲルヴィッダ高原を通る国道7号線沿いに点在する山小屋を拠点として山登りやトレッキングの拠点になっています。
　他に多くの観光ルートやアクティビティーがあります。
　近くをまわるトロッコに乗ったり、海や川でのカヤック、等の野外アクティビティー、

1日氷河ツアーや近くの渓谷をめぐるハイキングなどを楽しむことができます。

●ヴォーリング滝バスツアー（オプション）
　3時間弱の停泊時間に合わせ、ノルウェーフィヨルドの最大の絶景の1つ、ヴォーリング滝をまわる回遊バスツアーがオプションで設定されています。必見ですので予約してない人は観光案内所で申し込んで下さい。
　ツアーはハダンゲル高原自然センターを訪れた後、高原を登り、頂上から流れ落ちるヴォーリング滝をみて戻ります。巨大な滝壺の上からもうもうと水煙を巻き上げ流れ落ちる滝を覗きみて、顔を上げると、落ちた滝の水が川となって遥か先の谷を長々と流れ下っているのが見えます。まさに絶景です。
　ツアーから戻り次第顧客を乗せクルーズは再出発するとやがて前方に大きな橋が見えてきます。

●ハダンゲル橋

　この橋はつい最近2013年に完成したハダンゲル橋です。全長1,310メートル橋脚の高さは200メートルの世界でも最も大きい吊り橋の1つです。今までフェリーに頼っていた連絡がフィヨルドを横切ってヴァラビークとブ間を橋で結ばれました。この橋は車道に加え自転車と歩行者用の道があります。この橋を渡りヴァラビークからティジョフロットまでフィヨルドに沿った16キロのフラットな道を、素晴らしい眺めを見ながらサイクリングをすることができます。

●シンサルヴィーク
　船は橋の下を通りシンサルヴィークに寄港します。ウトナを経由して対岸へ行くフェリーが出ています。ここからはハダンゲル高原へ上る割に楽な道に沿って、4つの美しい滝が寄り添うように並ぶ有名なフセ渓谷（Husedalen valley）があります。（一周3時間）。ソニア女王（HM Queen Sonja）の道と呼ばれる女王好みのパノラマ展望のトレッキングコースもここからスタートします（往復8時間、選抜コース2時間30分）
　次はロフトフースに向かいます。

●ロフトフース（途中下車一泊）

ロフトフースに近づくと果樹畑がフィヨルドの岸から一面に丘に向かってきれいに列を作って登っています。やがて船は長大なウレンスヴァングホテルの前に止まり多くの観光客が降りてゆきます。

ここに途中下車しゆったりした気分を味わう事にしました。宿泊したウレンスヴァングホテルはノルウェー有数の有名な大規模ホテルで、グリークがこもって作曲をした小屋などが移築されています。ホテルの広い前庭はフィヨルドに面していて、庭の椅子に座りゆっくりとした気分で静かな景色を見ることが出来ます。

フィヨルドの向こう岸の滝が下り落ちるのが見えます。温水プールが回流して子供が遊んでいます。ここも上質とはいえ夕食もバイキング方式なのは残念でした。

トレッキングコースは近くの滝をめぐるコース、果樹園をめぐるコース、ハダンゲル高原周遊コースなどがあります。

近くの滝と果樹園の周遊にいってみました。滝は外回りと内周りの行き方がありますが、外回りのほうが滝を前方に見て変化に富みおすすめです。

果樹園にはサクランボ、桃、梨、杏子等が植えられていました。

サクランボの熟したものが少し残っていました。日本だと農場で直売していますがそういったものは見かけません。時期が合えば直売所が出るそうですが、当時はホテルでもデザートに出ないしスーパーでも売っていません。やや残念でした。

周辺トレッキングコース

1、ハダンゲル高原周遊コース
　森を通り抜けて行った高原からフィヨルドや氷河を眺望する5時間のトレッキングコースです。（一周5時間）
2、ソニア女王の道（HM Queen Sonja）のパノラマトレッキングコース
　車で10分で登り口に行け、ホテルが推奨しています。（p26参照）
3、上記及びその他のトレッキング

●ウトネ
　ハダンゲル民謡やフィドルの博物館があります。ここから対岸へいくフェリーが出ている。ヘランド迄ハダンゲルフィヨルド沿いの舗装された道路を走るサイクリングコースがあります。

●ノールハイムスン
　やがて前方に終点の美しい姿の街ノールハイムスンが正面に見えてきます。滝の裏を見ることが出来る有名なスタインスダール滝が近くにあります。着くとベルゲン行きのバスが待機していますのでベルゲンへと向かいます。

4−2　ヴォーリング滝を探訪する

別途アイフィヨルドで途中下車し、バスに乗って20分ぐらい、フォスリと言うという

バス停で降りました。ホテルへの案内が出ている脇道を10分位歩いて行きますとやがて伝統あるフォスリホテルに到着します。滝が流れ落ちる頂上すぐ際の最高の場所に木造の歴史あるホテルが立っています。

　ホテルに荷物を預け、早速目の前の滝をみるポイントに行きました。水量豊富な急流が左右から流れ込み182メートル下の深い谷の下に降り落ち、下ではもうもうと水煙を上げています。その一部は谷の滝の上の方にまで及んで漂っています。流れ落ちる滝はモーボー渓谷を下り、途中小さな橋の先、遥か彼方の平野に消えて行くのが見えます。滝壺の上か

ら大量の水が湯けむりとなって流れ落ち、川となって遥か彼方に消えて行く雄大な景色です。

　この絶景を別の視点から眺望できる場所がないかとフロントに聞きますとバス道路を少し降るとコーヒーショップが滝の横にあり、そこから眺めると良いと教えてくれました。30分位、来た時に通った道を下って行くとコーヒーショップがあります。その近くの道の脇から下をのぞきこむと深々とした谷と滝、下り降りる川を側面から見ることができました。

　後で調べてみますと、滝壺の上から遠くに見えた下流の橋を渡り、下から滝を見上げる絶景ポイントがあり掲載写真の多くは下から滝の正面を撮っていることが判明しました。上から横から下からの絶景を見ることができたのにと残念です。

　下から見る方法　モーボートンネルを出た所で下車し橋を渡って5キロ、ウォーリング滝脇のカフェテリア迄往復90分　詳細はアイフィヨルドを下船すぐの観光案内所で聞くのが良い。

　フォスリホテルは1891年有名なノルウェーの建築家の設計により建てられ、当時はまだ道路が整備されていない為、資材は馬の背中にのせて運ばれました。有名なノルウェーの作曲家グリークも常連客でした。木造の歴史的な建物で中の造作も昔のままです。水や風呂などの設備が古いのでお湯が出にくい、周辺案内、ホテルの案内（前はあった）もない等不満なところもありましたが、バイキング式食事ばかりのなかで唯一個別に調理された食事が出され嬉しくなりました。

1泊した翌日フロントのすすめで湖へ行くトレッキングコースへ行ってきました。途中大きなシカの糞が落ちていたり湿地帯を木の道で通ったりしましたがノルウェーフィヨルド独自の風景と言うほどのことはありませんでした。

●オッダ方面から別のルートを行く
オッダ方面から
1、トロルトゥンガ（トロールの舌）　飛び出した岩上よりフィヨルを眺望する絶景
　　オッダからバスで登り口のシュゲドールまで行って直ぐ、廃止されたケーブルカー横の急な階段を1時間弱登り、そこから4時間近く川を渡り起伏のある山道を行く往復8〜10時間の厳しい道のりの上級者向コース。
2、ブアル氷河
　　Blue ice hike to the Buer Glacier
3、その他ハダンゲル地方の案内　ヨンダール方面からのフォルゲフォンナ氷河、夏スキー等

静かなハダンゲルフィヨルド（ロフトフース船乗場前）

4-3　行き方

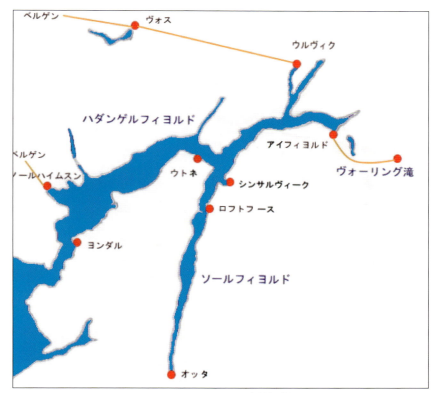

ハダンゲルフィヨルド交通経路図

行き方
　ハダンゲルフィヨルドクルーズはウルヴィクまたはノールハイムスンから1便しかなく行き方が限定される
●ウルヴィク方面から行く
　ヴォスからバスでウルヴィクまで行きクルーズ船に乗り、途中アイフィヨルドで一旦下船しヴォーリング滝周遊ツアーをした後、再度乗船してノールハイムスンで下船しバスでベルゲンへ行く
●ノールハイムスン方面から行く
　ベルゲンからバスでノールハイムスンまで行きクルーズ船に乗船し、途中アイフィヨルドで一旦下船し　ヴォーリング滝周遊ツアーをした後、再度乗船してウルヴィクで下船し

てバスでヴォスに行く。
　絶景ヴォーリング滝周遊ツアーはオプションになっているが予約をしていない場合でもアイフィヨルドで申し込むことができるので必ず行くことを奨めます。

詳細スケジュールの作成
　旅行経路が定まり次第詳細スケジュールを作成します
　9－4に記載の出発到着駅を入力し出発年月日を設定して検索する
　うまくいかない場合は、9－4参考2、Timetabe 関係路線掲載場所案内にある関係する路線の時刻表や9－4参考1、詳細スケジュール表（2016年夏版）を参考にして再度やってみてください。いずれの方面からも便は1本ですので時間を確認し遅れないようにして下さい。

ロフトフース風景

グリーク像と作曲小屋（ホテル庭）

実をつける果樹園

木くずの周りに大量に出たきのこ

色とりどりに咲く草花

5．ガイランゲルフィヨルド

概　要

　最も美しいフィヨルド「ノルウェーの真珠」といわれ世界遺産になっています。奥まった場所に狭く囲まれているためフィヨルドを身近に体感して眺めることができます。
切り立った両岸に滝が流れ、しぶきにかかりながら船上から絶景を仰ぎ見ることが出来るだけでなく、高見からフィヨルドを眺望するパノラマポイントも散在します。近くに山羊やアルパカのいる牧場もあり牧歌的気分を味わうことができます。
ソグネ、ハダンゲルフィヨルドのようにベルゲンからバスや鉄道ではつながらず、孤立しているので行くのに時間が掛かりますが美しい経由地を通って途中の絶景を楽しむことが出来ます。

5－1　ガイランゲルフィヨルドを行く

●ベルゲンから沿岸急行船で来る

　前回はオーレスンからバスでヘレシルトへ来て、そこからフェリーでガイランゲルフィ

ヨルドを通って来てホテルユニオンに1泊しました。その時はホテル近辺や船着場辺りを散歩しただけでした。以前出会ったアメリカの観光客が沿岸急行船で行くと言っていたので今回はベルゲンから沿岸急行船で行くことにしました。前回沿岸急行船に乗った際は出航直前に乗船したために食事があらかた済んでいて料理が残り少なくなっていたので今回は早めに乗船しました。乗船場所はベルゲン中央部から離れた、行きにくい所にあるので遅れないようにする必要があります。私たちはそのためタクシーで行きました。

　ベルゲンを夜8時に出発し沿岸をめぐり、ヘレシルトからガイランゲルフィヨルドに入り昼過ぎにつきました。船が大きいのでやや高いところからフィヨルドの両岸を見ることとなりました。ホテルは船着場の近くのガイランゲルホテルです。早速船着場近くの観光案内所へ行って資料をもらいに行きました。

●天国にいる気分

　朝起きて周りを見渡すと両岸は高い崖に囲まれ所々白い滝が流れ落ちています。まるで天国の底にいるような気分になります。

●フィヨルドクルーズに乗船する

　正面の船乗り場からフィヨルドの入口の所まで行き同じコースを1時間30分かけて戻ってきます。

　フィヨルドの両岸の高さ1,000メートルの崖の上から滝が流れ落ちるのがあちこちと見えます。幅が狭いので手近に両岸のフィヨルドの様子がよく見えます。やがて右手にまとまって流れる滝の一群が見えてきます。群れは大きな流れのものや小さな流れのものが集まっています。その姿があたかも7人の姉妹のようで7人の姉妹滝（セブンシスターズ）と呼ばれています。対岸には7姉妹に言い寄ったものの全員に断られて酒浸りになってしまったといういわれのある求婚者の滝がワインの壺を抱えるような姿で二股に流れています。やがて船はしぶきが霧となって降り注ぐ中を7つの滝を仰ぎながら通

過します。やがて広々としたところに行くと前方に山頂から滝が流れ落ちるのが見えます。中腹には廃棄された牧場の跡が見えます。やがて船はターンして7人の姉妹滝を左に遠望しながら港へ戻ります。

　船は申し込めば途中で下船できます。

●スカゲフロ牧場跡から7姉妹滝を望む

　妻は休みたいと言うので一人で午後4時出航のクルーズ船でスカゲフロ牧場跡に行くことにし、乗船時にスカゲフロで下船する旨申し込み、中国人3人ノルウェーの1人と下船しました。上陸するとすぐ傾斜のある崖道を30分ぐらい登るとやや平面のところに出て屋根に草の生えた低い木造の家が見え牧場跡に到着です。農家の周りは薪が積んであり3つの小屋は閉鎖されていて、中を見ることができません。雪崩の危険に怯えながら、水くみや冬を越す準備をした苦労が忍ばれました。

　家の前の草の生えた庭先の対岸に7姉妹滝が流れ落ちるのが正面やや左側に見えます。

　下を覗きこむとフィヨルドの水面が青黒い神秘的な色で佇んでいます。左右には遠くまでフィヨルドが広がっています。庭の四方からフィヨルドの全景を目に焼き付けて、来た道を引き返し最終のクルーズ船に乗って戻りました。戻ると妻が岸壁で手を振って出迎えていて大変嬉しい気持ちになりました。最終のクルーズ船から降りてきた若いカップルはさらに頂上まで登り夜通し4時間かけて下り降りると言っていました。現地の人にはこのコースが人気のようです。

●ダルスニッパ展望台に行く

　少し曇りでしたが有名な展望台を回るバスツアーに参加しました。途中、展望台の少し前でオスロからのバスを待って乗り継ぎする人を収容し、展望台に到着しました。天気は回復せず、ガイランゲルフィヨルドを眺めることができませんでしたが背面の雪が残った山や湖、灰色の平原の荒涼とした景色を見ることができました。バスツアー　2時間

●ヴェステルオース牧場経由ロスタ展望台に行く

　ホテルユニオンの横15mほど登った左にあるルート標識に沿って30分登るとヴェステルオース牧場前の道路に出ます。そこを左に折れて牧場の中に入って行きました。眼下にフィヨルドを見下ろす牧場にはヤギやアルパカが群れています。思いがけずスイスの牧場に来たような柔らかな気分になりました。

牧場を超えて標識に従って行くとロスタ、ヴェステルオース展望台へ行くことができます。今回は遠いほうのロスタ展望台へ行ってみました。森の中のみちを30分位行ったでしょうか小さな広場がありそこからフィヨルドを眺望することができました。ただフィヨルドの側面から見ているため左右に広がった対面を前面に見ることになります。

牧場の入り口まで戻り牧場を出て道をまっすぐ行きますと標識がありそれに沿って登って行くとストールセタ滝、ヴェステルオース山に行くことができます。

ストールセタ滝へ行く

● フリーダールスユーヴェット展望台に行く

私たちはさらに直進し大きな道に入り30分ぐらい坂を登りフリーダールスユーヴェット展望台に行きました。ここはフィヨルドの奥から入口までを直線的に見ることができ全体を一望するには最も良い場所です。多くの紹介写真はここから撮っています。
近くのホテルの素晴らしい眺望のレストランでコーヒーを楽しみました。

ガイランゲルフィヨルドの見所

1、ガイランゲルフィヨルドクルーズ　1時間30分　多言語案内　途中下車可能
　　ヘレシルト経由フェリー又は沿岸急行船で来た場合は同ルートに付省略可。

2、スカゲフロ牧場跡とそこから見る7姉妹滝
　　フィヨルドクルーズ船に乗ってスカゲフロ牧場跡で下船したい旨伝えると降ろしてくれるのでそこから急な崖道を30分位登って牧場に到着する。
　　クルーズ船で戻るので船の時刻表を確かめておく事。
　　スカゲフロ牧場跡を越えてさらに登り左折しホムロン迄降りフィヨルドの縁を歩いてガイランゲルに戻るコースもある。5時間。

3、ヴェステルオース牧場を経由し展望台や、滝や、登山トレッキング
　　ホテルユニオンの横15mほど登った左にあるルート標識に沿って30分登るとヴェステルオース牧場前の道路に出るので標識に従い選択して行く。

4、展望台
　★ダルスニッパ展望台　乗船場前からツアーバスが出るので乗って行く。

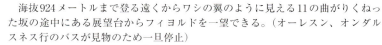

　★オールネススビンゲン展望台、フリーダールスユーヴェット展望台
　　オールネススビンゲン展望台
　　　　海抜924メートルまで登る遠くからワシの翼のように見える11の曲がりくねった坂の途中にある展望台からフィヨルドを一望できる。(オーレスン、オンダルスネス行のバスが見物のため一旦停止)
　　フリーダールスユーヴェット展望台
　　　　フィヨルドの奥から入口迄を直線的に見ることができるので全体を一望するには最も良い。
　　この2つの展望台を回遊するバスが出ている

5、バスにて1,030メーター山頂まで人と自転車を運んでもらい、フィヨルドを見ながら颯爽と下り降りる人気ダウンヒルバイクツアー

途中の名所

1、周辺フィヨルドクルーズ
　　周りに連なるサニーヴス、ストル、ノルドダルス、ターフィヨルドの4つのフィヨルドのうち隣接するノルドダルス、サニーヴルス、ガイランゲルの3つのフィヨルドをヴァルダールから2時間間半で回ります。多言語放送案内付

2、トロールスティーゲン絶景とラウム鉄道の車中の景色
　　トンボスーオンダルスネス間の全長114kmの山岳鉄道に乗り、山々とラウマ川が織りなす美しい車中からの風景を楽しむことができる。

3、オンダルスネス周辺
　　オンダルスネスを出て間もなく渓谷を曲がりくねって登った所に有名なトロールの梯子と呼ばれるトロールスティーゲンの見晴らし台がある。北にはトロールの壁という絶

壁がある。
　オンダルスネスからトロールスティーゲン（梯子）とトロールヴェーゲン（壁）ツアー2時間30分

3、オーレスンからの展望とアールヌーボー建物群
　公園より階段を上ったアクスラ山上から見る街や岬の眺望は有名なベルゲンのフロイエン山眺望に勝るとも劣らない。市街はアールヌーボー建物の美しい街並みで知られている。

　　アクスラ山山頂からの眺望　　　　　　　オーレスンの美しい街並

4、ヘルシルト滝
　ヘルシルトフェリー乗り場すぐ

　　　　ヘレシルト港　　　　　　　　　　滝の上から街を見る

5-2 行き方

ガイランゲルフィヨルド交通経路図

ガイランゲル行き方
- ●4方向から行き方がある
  1、オンダルスネスから行く
     オスロから途中ドンボスで車中景色が有名なラウム鉄道を経由してオンダルスネスに行き、バスで二つの有名な曲り坂を経由してガイランゲルに行きます。オーレスン－モルデからバスでオンダルスネスに行くこともできる。
     バスは1日に 8:20 18:00 乗車3時間の2本
  2、オーレスンからバスで直接ガイランゲルに行く
     1日1本　帰りは日曜日のみ
  3、オーレスンからバスでヘレシルトへ行きヘレシルトからフェリーでガイランゲルフィヨルドを通ってガイランゲルに行く　1日複数本あります
  4、ベルゲン、オーレスンから夏だけ運行される沿岸急行船でガイランゲルフィヨルドを通って行く　1日1本 13:25 着
- ●帰りはこの逆を選択して戻る
  ただし沿岸急行船のベンゲルへの戻り便は深夜になるので停船せず利用できません。
お薦めはオンダルスネスから来てオーレスンへ戻る方法です。魅力のある見所を両方見れます。オンダルスネス周辺は景色の良い所ですのでここで1泊するのも良さそうです。

オンダルスネスへ戻るバスは 19:00 発ですのでオンダルスネスに１泊する必要があります。
オーレスンはアールヌーボー式の美しい街並みやアクスラ山頂からの眺望で有名です。

詳細スケジュールの作成

９－４に記載の出発到着駅を入力し出発年月日を設定して検索する。うまくいかない場合は、９－４付表２、Timetabe 関係路線掲載場所案内にある関係する路線の時刻表や９－４付表１参考　詳細スケジュール表（2016 年夏版）を参考にして再度やってみてください。

オンダルスネスからは２本の便があります。オーレスン－オンダルスネス間はバスがあります。オーレスンからは３つのルートがあります。それぞれ帰りの便も検索してください。

沿岸急行船風景

沿岸急行船に乗船

暮れて行く海を行く

美しい周りの景色

ガイランゲルフィヨルド　求婚者の滝

6. ノールフィヨルド

ノールフィヨルドの華　流れ出るブリクスダール氷河

概　要

　ノールフィヨルドはガイランゲルとソグネフィヨルドの西脇にあり、東はローエンから、西は北極海に達する106キロメートルに及ぶ大きなフィヨルドです。中央部には高い山と渓谷に囲まれた高地や平原があり西の先は荒々しい海岸に続いています。
　1番の見所は大きな滝に囲まれた渓谷の間より舌をだしているような姿を見せるヨーロッパ最大のヨステダール氷河から押し出された懸垂氷河、ブリクスダール氷河です。
　2つの湖を囲んだ美しいオルデン渓谷の先端のオルデンからおよそ20キロの所にあります。ブリクスダールの地名は所有者の名前で、この地の観光事業はブリクスダール家が行っています。場所がベルゲンやオーレスンから遠いため中継地のオルデンまたはストリーンで1泊して観光します。

6−1 ブリクスダール氷河を行く

●ガイランゲルからストリーンへ
　今回はガイランゲルからフェリーでヘレシルトへ出て、ベルゲン行きのバスに乗りストリーンで下車し１泊しました。心配したガイランゲル−ヘレシルト間のフェリーは頻繁にあり、ベルゲン行きのバスも複数あるので安心しました。
　ストリーンの巨大なバスターミナルは市街より離れていてホテル迄行くのに不安を覚えましたが幸い運転手の指し示す方向にホテルが見えたので大きな荷物を引きつつホテルまで歩きました。地方に行く場合はバスの停留所からホテルまで行く道筋を調べておく必要を感じました。
　バス停の前にバス会社の事務所があるので翌日乗るブリクスダール行の時刻と乗る場を確認しておくと良いしょう。
　ストリーンスキーセンターがあり夏でもスキーをすることができます

●ブリクスダールへ行く
　翌朝オルデン経由ブリクスダール行きのバスに乗って行きました。
　ストリーンから出るブリクスダール行は直通のものとオルデン乗り換えのものがあるので事前に時刻表とバス乗り場を確かめておきます。
　ストリーンの観光案内所はバス停から離れた市街にあります。オルデン乗り換えの場合はオルデン港駅の次のオルデン駅になるので注意して下さい。

●オルデン渓谷を行く
　バスがオルデンからブリクスダール氷河へ通じるオルデン渓谷沿いの道に入ると２つの青い静かな湖にそって両岸から所々に滝が流れ落ちる美しい景色が広がります。
　周りに流れ落ちる滝は他のフィヨルドより水量が多く雄大に感じられます。一段と清らかな大気を吸って爽快な気持ちです。

●ブリクスダール氷河へ
　バスの終点のブリクスダールで降りて、ロッジに入ってまず荷物の預かり所を探しました。
　ロッジ　http://www.briksdalsbre.no/　レストラン、宿泊、土産物あり
　トロールカーの事務所に行くと日本語をしゃべる受付の男性がいて荷物は預かってもらえることになり、安心してトロールカーに乗って途中まで行きました。
　トロールカーを降りると右側の山の斜面を水量の多い大きなブリクスダール滝が流れ落ちています。

ノールフィヨルド　43

　その流れにかかる橋の周囲には滝から流れる水が霧のようになって漂い後ろに半円形の虹が見えます。
　少し歩くとまた違う方向に虹が現れます。

　あちこちの虹の滴を浴びながら橋を後にし、新緑の中に清らかに流れる小川に沿って進んでいくとやがて前方の山の間に舌の様な形をして押し出されてくる氷の塊が見えてきます。
　何百年もかけて巨大な氷が少しずつ押し出されてここまでやっとたどり着きゆっくり地面に降りて行こうとしています。近づくにつれて壮大にして異様な感じの姿がせまってきます。
　静かで音は聞こえません。
　氷河から流れた水は前方に小さな湖を作っています。そして川となってオルデ湖に流れ下っています。

　しばらく小道や岩の上からその風景を見ていました。氷河を振り返りつつ戻ると正面に雪に覆われた高い山の崖に大きな滝が2つ流れているのが見えます。道の脇には氷河からの清流が木々の間を小さな音を立てて流れています。緑に囲まれた美しい景色の中を元来たバス停まで戻りました。

観光案内所で早く戻ってバス停近くの新旧の教会の周りの清流を1周すると良いと言われたので1つ早いバスでオルデンに戻りましたがゆっくり氷河を見るべきでした。
　帰りはオルデンからベルゲン行きバスに乗りベルゲンには夜遅く到着しました。
　たまたま今回はベルゲンのバスターミナルでタクシーを捕まえることができたが、夜遅くなるので予めベルゲンのタクシー会社やホテルの電話番号を控えておく必要があると思いました。

近傍案内

オルデン渓谷周辺

　オルデンからブリクスダール迄2つの湖の脇を通り、オルデ渓谷を走るバスから見る両岸の山から流れ落ちる滝は他のフィヨルドに比べ大きくかつ水量が多く素晴らしい景色です。少し両岸を探訪してみたい気持ちにさせられます。そのルートはオルデンから発行されているオルデン・オルデダーレンというパンフレットに記載されています。詳細はオルデンの観光案内所で聞く。バスの本数は少なく途中下車はできません。タクシーで行く事になるでしょう。

静かなオルデ湖

オルデ湖の縁を通って行く

滝が流れ落ちる山の裾を行く

ブリクスダール到着

6-2 行き方

ノールフィヨルド交通経路図

ノールフィヨルド行き方
　ノールフィヨルドはブリックスダール氷河をめぐる観光に集約されます。ブリックスダール氷河に行くにはストリーンかオルデンで1泊していきます。ブリックスダール行バスはストリーンから出発しオルデンを経由し1日2本、帰りは4本しかありません。見学時間を考慮するとベルゲン、オーレスンに帰る場合には各々1本に限定されます。最終バスに間に合うまでブリックスダールでゆっくり見学するのを勧めます。
●行き
　ベルゲン方面からバスでオルデンまたはストリーンに来て1泊し朝ブリックスダール行きバスに乗り換えます。オーレスン、ヘレシルト方面からはストリーンで一泊し朝ブリックスダール行きバスに乗り換えます。
●帰り
　ブリックスダール氷河からバスでオルデンで途中下車し、ベルゲン行きバスに乗り換えてベルゲンへ戻ります。ベルゲン着21時30分。ノルウェーは夜でも明るいのですがさすがに21時30分にもなると暗く、広いターミナルに降り立ってみるとタクシーの乗り場も無

人で不安になりました。幸運にもしばらく待っているとタクシーが来ましたのでほっとしました。後で Rutebok の Travelplanner – departure and arrival boards でベルゲンバス駅の到着便を調べるとバスは 22 – 23 時に続々と到着するので少し待てばタクシーは来る事が分かりました。歩いてすぐのベルゲン鉄道駅周辺のホテルにしたり、予めタクシー会社やホテルの電話番号を控えておく慎重さが必要と思いました。ストリーンに戻る場合はそのまま乗車しストリーンに戻ります。

詳細スケジュールの作成

旅行経路が定まり次第詳細スケジュールを作成します

9－4に記載の出発、到着駅を入力し出発年月日を設定して検索する。うまくいかない場合は、9－4参考2、Timetabe 関係路線掲載場所案内にある関係する路線の時刻表や9－4参考1,詳細スケジュール表（2016年夏版）を参考にして再度やってみてください。ブリクスダール行の適切なバスは１本しかありません。時間を確かめ遅れないようにして下さい。

帰り道も又絶景

7. リーセフィヨルド

プレケストーレンより見たリーセフィヨルド　先端はリーセボトン

概　要

　リーセフィヨルドはオアネスからリーセボーテンまで長さ42kmのフィヨルドで昔、住民は漁と狩猟で生活していました。リーセとはフィヨルドの岩壁の明るい花崗岩を意味すると言われています。フィヨルドの岸上にはパルピットロックの名でも知られるプレケストーレン、エキサイティングな眺望のヘンジャネニッポー山、高さ1,000メートルの2つの山の隙間にV字型の巨石（シェラグボルテン）が挟まっているので知られるシェラグと云った眺望の場所があります。

7－1　プレイケストーレンに登頂する

●概要
　ロッジから頂上まで7.6キロメートルの道のりを、334メートル登ると、高度604メー

トルのパルピットロックの岩上に、先端がリーセフィヨルドにせり出したプレイケスートレン（司教の説教台）と呼ばれる25×25メートルの正方形台地があります。そこから見る風景はフィヨルド一番の絶景と云われます。

大きな岩が侵食され亀裂が入り3方面の岩が崩落して現在の垂直にせり出した姿になりました。ゴロゴロした滑りやすい石や岩の道をゆくので足回りはしっかりしたものが望まれます。登り口のロッジから往復4時間。

●前日フィヨルドから仰ぎ見る

プレイケストーレンに登る前にフィヨルドから仰ぎみておきたいと考え前日リーセフィヨルドクルーズに参加しました。

フィヨルドの風景は特に変わったところがないように感じました。フィヨルドアザラシをみたりして、パルピットロックの下にきて、上を仰ぎ見ると3方が絶壁となって切り取られていることが分かります。

せり出した中央の四角の岩がプレイケストーレンのあるプルピックロックです。

●ベルゲンからスタヴァンゲルへ

リーセフィヨルドは過去2回挑戦しましたが二度ともスタヴァンゲル迄来たものの雨天のため登る事は出来ませんでした。今回こそはと満を期して来ました。幸い天気は良さそうです。2回ともベルゲンからスタヴァンゲルへは飛行機できましたが今回はリーセフィヨルドナットシェルを使って船できました。4時間ほど、途中海油田の基地を遠望したりして来ましたが特に目立った景色はありませんでした。

ナットシェルといってもただ乗車券とホテルがセットになっただけで添乗員がいるわけでも案内人が付くわけでもありません。

●登り口まで行く

ホテルに1泊し自分達で歩いてタウに行くフェリーの乗り場に行きました。過去2回も来ているので迷うこともなくフェリーに乗りました。タウにつくとバスが待っていてそれに乗り込んで登り口まで行きます。

妻が疲れがちで下で待つ予定でしたが、いざ着いてみると行きたくなったようで一緒にゆっくり行くことにしました。

●プルピックを登る

石畳の道を途中廃棄された農場やスタヴァンゲル方面の島やフィヨルドを眺望したりしながら森の中を一歩一歩進んで行きました。森には松の木が多く、頑丈なため昔は船のマスト柱に使われたと言うことです。

途中平らなところに出て湿地帯の中を木で作られた道を通過したりして登って行きます。

●モスリフェル山に登る曲り口

やがてモスリフェル山に登る曲り口の標識があるところにきました。行き帰り同じ道を通りたくない体力と時間がある人はここから、往復2時間の寄り道をして帰ることができます。

●泳ぐ事が出来るという池

そこを過ぎて行くとやがて夏の盛りには泳ぐことができると言う小さな湖が現れてきました。

●頂上に行く分岐点

やがて頂上が近くなるとなだらかに開かれた坂道に変わります。今のところ妻も歩いてついて来ています。

頂上近くに来ると2つのルート分かれ、左に行くと多くの人が行く岩の周りに沿って木の橋を通って行く道、右を行くと小山を登って降りてゆく道になります。行き帰りに別のルート通って行くことができます。

●木の橋を伝って頂上へ

がけのへりを通る細い道をおそるおそる頂上へ向かいます。

●プレスプレイケストーレンに立つ

　木の橋を手すりにつかまって歩いていくとやがて頂上のプレスプレイケストーレンが眼前に広がります。
　意外に岩上は沢山の人で驚かされます。
　岩はプルピックロックと呼ばれ3方面が600メートル下まで垂直に鋭くきれ落ちています。大きな岩の3方面に浸食で亀裂が入り落下して出来たと言われています。
　25メートル四方の、プレイケストーレンと言われる岩上の平らな広場でコンサートや結婚式なども行われるそうです。先端の足場が弱く突風が吹くこともありロッククライミングやデイジージャンプには適さないと言われます。

　直下はリーセフィヨルドで、遥か先端はリーセフィヨルドの最も奥のリーセボーテンの町です。
　はるか下をおっかなびっくり覗くと小さな船が通っているのが見えます。
　岩の先端に腰掛けている女の人がいるのには驚きます。妻は高いところは平気ですが私はダメです。
　高所で怖い感じも混ざり心に絶景の

感動が強く印象づけられます。

　プレイケストーレンの周りの高いところに登って、さらに遠景を楽しんだ後帰路につきました。

● 妻の両足がつる
　暫く下った時、突然妻の両足がつってしまいました。
　片足はともかく両足をつるのは大変苦痛で、治すのが容易ではありません。救急ヘリコプターを呼ぶ緊急事態が頭をよぎります。1時間ぐらい足を揉んだり、靴の紐をゆるめたり、体操をしたりしているうちに、少し良くなってきたのでゆっくり歩き始めました。途中再発しそうになる時もありましたが、なんとかゆっくり歩き続けていきます。

● 通常の倍掛って戻る
　通常の倍の9時間掛って降りてきました。最終バスに乗れるのか心配でしたが何とか間に合って降りることができました。
　ロッジの前の椅子に座りコカコーラをのんですっきりした気分で前方に広がる湖を見ながら喜びあいました。

よく頑張ったね。
よかった。よかった。

タウからの帰りのフェリーで夕日の祝福を受けました。

プレイケストーレンを行く方法
1、登り口から歩いて登る
　　スタヴァンゲルからフェリーでタウに出てバスで登り口まで行く。歩いて登る。

2、ボートに乗ってリーセフィヨルドから仰ぎ見る
　　　パルピットロックをリーセフィヨルドから仰ぎ見るクルーズに乗る
　　　出発12時　所要時間3時間

3、同上＋プレイケストーレンを歩いてトレッキングするセットコース
　　　所要時間　8時間

4、サンライズコース
　　朝日がプレイストーレンや周りの絶壁を照らすのを見る。
　　午前1時、スタヴァンゲル観光案内所前集合

5、あまのじゃくコース
　　混雑を避けて、道なき道を上って行くコース
　　午前8時20分、スタヴァンゲル観光案内所前集合、午後5時30分帰着

近傍案内

1、登山口周辺のトレッキング
　　ウルハーツコーン周辺の森を行く。　1周3時間
　　ルフスヴァルネット湖　　　　　　　1周3時間
　　モスリフェル山　　　　　　　　　　1周3時間
　　ヴァトネリンダ尾根　　　　　　　　1周2時間

2、リーセフィヨルド一周クルーズ
　　スタヴァンゲルを出発しリーセフィヨルドに入り最も奥にあるリーセボーテンまでプルピットロックの下を通り往復　9時間

3、リーセフィヨルドクルーズ半周＆帰路バス
　　行きはボートでリーセボーテンに行き帰りはバスで途中の山道を通ってくるルートは所要時間5時間30分

4、シェラグとシェラグボルテン
　　高度1,000メートルの2つの山の間に挟まれたシェラグボルテンと名付けられた岩上からのスリリングな眺望で有名。上級者向。
　　スタヴァンゲル発7時30分　20時戻り　所要時間12時間30分
　　（リーセボーテンから640メートル上った山にある登り口、エイガーストウルより往復4－6時間）

登り口のすそに拡がる湖で周辺のトレッキングや遊びが出来ます。

ルフスヴァルネット湖

7-2　行き方

リーセフィヨルド交通経路図

リーセフィヨルド行き方
　スタヴァンゲルが拠点になるがスタヴァンゲルはノルウェー第3の大都市で各地から飛行機、電車、バス、ボートで行くことができる。
●行き
　スタヴァンゲルからフェリーでタウに渡り、桟橋近くに待機しているバスでプレイケストーレンヒュッテの登り口まで行く。二つの会社からツアーバスが多数出ている。時刻表を見て確認してください。スタヴァンゲルの中央からフェリーの乗り場までは歩いて10分程度ですが乗り場が多数あり、曇り等暗い時は迷うので事前確認しておいてください。
●帰り
　便はたくさんありますが時刻表と乗り場を確認しておいてください。

詳細スケジュールの作成
　旅行経路が定まり次第詳細スケジュールを作成します
　スタヴァンゲルはノルウェー第3の大都市なのでバス、船、電車、飛行機を使って各方面から行けます。
　スタヴァンゲルからプレイケストーレン登り口までの運行は、2社が運航して夏は1日朝8時（日曜7時30分）から夜21時迄12－14本あります。

観光用で公共交通機関でないため Rutebok ではサポートされません。(夏シーズン　8〜18時　往復10本以上有　p95参照)
　検索は p79 を参照下さい。

プレイケストーレン登頂！

8．5大フィヨルド回遊計画を立てる

8－1　予備知識を得る

ダイヤモンド社発行　地球の歩き方
　　北欧編　の中のノルウェー　「フィヨルド地方の歩き方」
　　この本の観光案内所の場所、施設営業時間などは正確で信用できます。
サンタレター協会　ホームページ　北欧案内　フィヨルド
　　http://www.santaletter.jp/kodomo/fiyorudo/fiyoru-annai/fiyoru-annai.html
　　5大フィヨルドの概観を得ることが出来ます
ノルウェー旅行情報
　　http://www.visitscandinavia.org/ja/Japan/Norway/travel/
　　祝祭日、電話のかけかた、免税品の取り扱い、緊急時連絡先等必須項目が記載
　　ネット上に投稿されている旅行記なども参考になります。
　　地図を調べる　　Google 地図、地球

8－2　観光期間

　北極圏近く高い場所に位置するフィヨルド周辺の道路は冬になると凍結し交通が遮断され太陽が昇らず昼も薄暗い。観光施設もその間休業するところも多い。
　電車で行けるソグネフィヨルドは通年 OK、大都市の近くにあるリーセフィヨルドは3月から9月迄行ける。その他は制約があります。
　5大フィヨルド全ての経路を自由に行ける期間は6月20日－8月／あるいは8月末といえましょう。

●**ソグネフィヨルド（年中）**
　鉄道交通網で行けるので1年中行くことができる。
　フィヨルドを回遊するクルーズも1年中運行している。
　5大フィヨルドの中で唯一年間稼働している。
●**ハダンゲルフィヨルド**
　ハダンゲルフィヨルドクルーズ　運行期間　5／1－9／30
●**ガイランゲルフィヨルド**
　ガイランゲルフィヨルドクルーズ　運行期間　4／1－10／15
　オーレスン－ガイランゲル間は通年運航があります。
　オンダルスネス－ガイランゲルバス　運行期間　6／20－8／31
　ベルゲン－ガイランゲル間沿岸急行船運航期間　6／1－8／31
●**ノールフィヨルド**
　ストリーンからブリックスダール氷河へ行くバス　運行期間　6／1－8／31

●リーセフィヨルド
スタヴァンゲルからプレイケストーレンの登り口に行くバス
運行期間　3／19－9／30
（3月19日から4月15日まではBoreal社の少数のバスのみ運行、
4月16日からはTide社から多くの便がある）

8－3　行き方

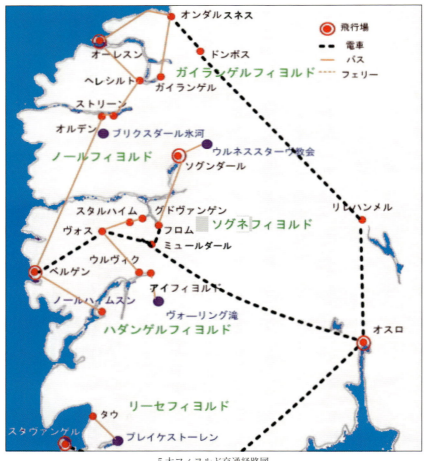

5大フィヨルド交通経路図

● 回遊手段

　距離的には5大フィヨルド間は近く、自動車で行くのが時間もかからず簡便です。

　しかしノルウェーは日本とは逆の右ハンドルの上フィヨルドを走る道路は大概2車線でトンネルやカーブも多くその上標識も少なく、ガソリンスタンドも探さねばならず事前に相当訓練して行く必要がある。Googlemapやカーナヴィの支援が得られるようになったが、海外での運転に経験のある若い人でないと難しいように思われる。

　近年5大フィヨルドを行くツアーも多く発売されている。ただ集団で限られた期間で回るため、遠方より眺めることが多く感激に欠けます。そこで世界に誇る5大フィヨドの景観を歩いて体感する旅行計画を立てることにしました。

　電車、バス、フェリーなどの公共交通機関を使ってフィヨルドを見て回るには時間もかかるし想定できないアクシデントも起こる。自動車時代なのでフェリーは1時間に1本程度夜も運行するところも多いが、辺境のフィヨルドのバスの運行は少なく日に1、2本のところが多い。その上時期や曜日により運休のところもある。スケジュールをしっかり立てる必要があります。

　そのためにはRutebokと呼ばれるノルウェー全国交通機関時刻表の検索やノルウェー独特な時刻表の見方を体得する必要があります。

● 行く容易さ

　ソグネ、ハダンゲルフィヨルドはベルゲン急行の停車駅であるミュルダール、ヴォス、ベルゲンから行けるしナットシェルという名前の付いたセットの通し切符も売られています。

　リーセフィヨルドは大都市スタヴァンゲルから近くで便も多い。

　それに比しガイランゲル、ノールフィヨルドは一日1、2本のバス、フェリーを乗り継いで行くのできちんとした計画をする必要があります。

● 回遊方法

1、個別に日時を置いて回る
2、複数回に分けてまわる
3、一度に回遊する

無人のバス停留所

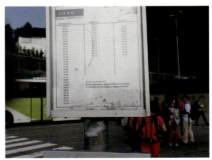
バス時刻表掲示板

8-4　回遊計画の検討

日程、金額、健康等の都合で様々な計画を立てることになるでしょう。
ここでは世界の絶景を一度に回遊する計画を検討することにします。

●最短コース案

標高1,000メートルを超えるハダンゲル高原を突っ切って走るベルゲン鉄道、車窓からの美しい景色で有名なフロム鉄道、世界遺産ネーロイフィヨルドクルーズ、果樹園が広がるハダンゲルフィヨルドクルーズ、滝壺の上から流れ下るヴォーリング滝の絶景、ベルゲン市街での歴史遺産見物やグリーク博物館での音楽鑑賞、一番美しいフィヨルドといわれる世界遺産ガイランゲルフィヨルドの山上から自転車での眺望ダウンビルや散策、ブリクスダール氷河の奇景、最後に苦労して登って突き出た岩上のプレイケストーレンから見るアドレナリン眺望と5大フィヨルドの粋をピックアップして短期間で周ります。プレイケストーレンの雨天に備え、天気予報次第でベルゲン、スタヴァンゲル間の2日間で日程を調整するようにしています。

概算費用50万円（内訳航空券（含む旅行保険代）230k￥＋沿岸急行船27k￥＋ホテル代含む現地費用24＊10日＝240k￥）

最短コース回遊計画　11日間

月日	曜	出発地	到着地	見　学	宿泊地
7/4	月	成田　JAL	オスロ	オスロ着 16:05	オスロ
7/5	火	オスロ	フロム	ベルゲン鉄道、フロム鉄道 ネーロイFクルーズ グドヴァンゲン散策	ヴォス
7/6	水	ヴォス	ウルヴィク	ハダンゲルFクルーズ ヴォーリング滝	ベルゲン
7/7	木	ベルゲン		ベルゲン市街見物 沿岸急行船発 20:00	船中泊
7/8	金		ガイランゲル	13:25 着　バイクダウンヒル	ガイランゲル
7/9	土	ガイランゲル	ヘレシルト	ヴェステルオース牧場 周辺散策 ストリーンへ	ストリーン
7/10	日	ストリーン	ブリクスダール	ブリクスダール氷河	ベルゲン
7/11	月	ベルゲン	スタヴァンゲル	バスでスタヴァンゲルへ 石油博	スタヴァンゲル
7/12	火	スタヴァンゲル	登り口	プレイケストーレン登頂	スタヴァンゲル
7/13	水	スタヴァンゲル		飛行機発	機中泊
7/14	木		成田	成田着 8:55	

天気予報　11日晴　12日雨の場合は11日早く出てプレイケストーレン登頂する

●標準コース案

　最短コースに加えフロム渓谷トレッキング、ヴァイキングの故郷ソグネフィヨルドを象徴するウルネススターヴ教会、岩壁がそそり立つオンダルスネス周辺の絶景、オーレスンのアスクル山山頂から景色と市街、を追加しました。

　プレイケストーレンの雨天に備え、天気予報次第でベルゲン、スタヴァンゲル間の3日間で日程を調整するようにしています。（私たちはようやく3回目で登頂出来ました）

　費用概算65万円（内訳航空券（含む旅行保険代）270k￥＋沿岸急行船27k￥＋ホテル代含む現地費用24＊15日＝360k￥）

標準コース回遊計画　17日間

月日	曜	出発地	到着地	見　　学	宿泊地
7/4	月	成田　JAL	オスロ	オスロ着 16:05	オスロ
7/5	火	オスロ	フロム	ベルゲン鉄道、フロム鉄道 フロム着 14:25 ステーガスタイン展望	フロム
7/6	水	フロム	ミュールダール	フロム渓谷を徒歩で下る	フロム
7/7	木	フロム	ウルネス	ウルネススターヴ教会	フロム
7/8	金	フロム	グドヴァンゲン	ネーロイFクルーズ、 グドヴァンゲン散策 スタルハイム散策	ヴォス
7/9	土	ヴォス	ウルヴィク	ハダンゲルFクルーズ、 ヴォーリング滝	ベルゲン
7/10	日	ベルゲン	オスロ	ベルゲン観光　空路オスロへ	ガイランゲル
7/11	月	オスロ	オンダルスネス	ラウム鉄道　オンダルスネス観光 ガイランゲルへ	ガイランゲル
7/12	火			スカイバイクダウンヒル ガイランゲルFクルーズ	オーレスン
7/13	水	ガイランゲル	オーレスン	ヴェステルオース牧場周辺散策 沿岸急行船でオーレスンへ	ストリーン
7/14	木	オーレスン	ストリーン	アスクル山頂眺望 ストリーンへ	ストリーン
7/15	金	ストリーン	ブリクスダール	ブリクスダール氷河	ベルゲン
7/16	土	ベルゲン	スタヴァンゲル	バスでスタヴァンゲルへ 石油博	スタヴァンゲル
7/17	日	スタヴァンゲル	登り口	プレイケストーレン登頂	スタヴァンゲル
7/18	月			雨天予備日 フィヨルドから見るクルーズ	
7/19	火	スタヴァンゲル		飛行機	機中泊
7/20	水		成田	成田着 8:55	

天気予報 16日晴　17、18日雨の場合は16日早く出てプレイケストーレン登頂する

●フルコース案の検討

　2013 年に私たちの行ったコースを反省材料にして最良のコースを検討してみることにしました。

2013 年に私たちの行ったコース

月日	曜	滞在地	見学場所	宿泊地
7/8	月	成田 SAS	オスロ着 18:20	オスロ
7/9	火	オスロ	国立美術館、国立博物館	オスロ
7/10	水		ベルゲン急行	ラールダール
7/11	木	ラールダール	ウルネススターヴ教会	ラールダール
7/12	金	ラールダール	ホルグンスターヴ教会	ラールダール
7/13	土	ラールダール	ソグネフィヨルド観光	スタルハイム
7/14	日	スタルハイム		ヴォス
7/15	月		ハダンゲルフィヨルド観光	ヴォーリングフォッセン
7/16	火	Vフォッセン	Vフォッセン周辺散策	ヴォーリングフォッセン
7/17	水	Vフォッセン	Vフォッセン周辺散策	ロフトフース
7/18	木	ロフトフース	ロフトフース散策	ベルゲン
7/19	金	ベルゲン	ハンザ博物館、グリーク博	船中
7/20	土	ガイランゲル	13:25 着　ガイランゲル散策	ガイランゲル
7/21	日	ガイランゲル	ガイランゲル散策	ガイランゲル
7/22	月	ガイランゲル	ガイランゲル散策	ガイランゲル
7/23	火		ストリーン散策	ストリーン
7/24	水		ブリクスダール氷河観光	ベルゲン
7/25	木	ベルゲン	ベルゲン近隣ツアー	ベルゲン
7/26	金		リーセフィヨルドクルーズ	スタヴァンゲル
7/27	土	スタヴァンゲル	プレーケストレーン登頂	スタヴァンゲル
7/28	日			飛行機機中
7/29	月	東京	成田 9:35 着	

掛かった費用

2013年5大フィヨルド回遊費用（2人分）

内訳	費目	内訳	金額	備考
航空費	航空券	成田・オスロ	323,800	帰路 スタヴァンゲル・成田
回遊費	ソグネF	ノルウェー NutShell	27,200	ヴォス発ミュルダール経由ヴォス着
	ハダンゲルF	ハダンゲル Nutshell	52,700	オスロ発ヴォス経由ベルゲン着
	ガイランゲルF	沿岸急行船	53,561	ベルゲン→ガイランゲル食事付
	リーセF	リーセFパック片道	95,100	高速船で2泊3日ホテル付
		回遊交通費計	228,561	
ホテル代	ホテル代	マディソンブルー	35,600	オスロ2泊@17,800
		リンドストリームH	56,100	ラールダール3泊@18,700
		スタルハイムH	28,800	スタルハイム1泊@28,800
		パークホテルヴォス	23,600	ヴォス1泊@23,600
		●フォスリH	39,600	ヴォーリングF2泊@19,800
		ウレンスヴァン	30,200	ロストフース1泊@30,200
		ガイランゲルH	72,900	ガイランゲル3泊@24,300
		ラジソンロイヤル	84,000	ベルゲン3泊@28,000
		●ストリーンH	24,700	ストリーン1泊@24,700
		手配手数料	1,500	●は個人手配
		ホテル代小計	397,000	
保険料	保険料	旅行保険	30,380	
雑費		22日間食事代等	302,849	バスフェリー代/入場料
合計			1,282,590	

沿岸急行船

　海側の部屋からの眺望は窓が狭くガラスも汚れており無理に選択する必要はないように思われます。デッキに出て見て十分。出航間際に乗船するともう料理がなくなっている恐れがあります。1時間前に乗船することをお勧めします。

ベルゲン－スタヴァンゲル間

　高速フェリーでの眺望より飛行機か、バスを勧めます。

ホテル

　大都市でない場合はなるべく交通機関の停留所の近くが良い。
　ストリーンのバス停に降りてホテルまで行くのに戸惑いを感じた。たまたまホテルが停留所から見えたところにあったので行き着いたが離れていたら行くのに大変であった。ホテルの電話番号をメモしておき迎えを頼むか、タクシーを呼ぶ準備が必要と思った。

スタルハイムホテル/ウレンスヴァンホテル

　いずれも世界的に著名なホテルであるが経営上の要請から中国、韓国などの団体客をとっており、夕食もヴァイキング方式で高級リゾートホテルの面影を減じているのは残念でした。

ガイランゲルのホテル
　山の中腹に立つユニオンホテルが最も有名で、山や滝に行く道が真横にあり散策にも恵まれている。一方ガイランゲルホテルはフィヨルドに沿って建ちフィヨルドを近くに眺められ交通に至便である。今回は2回目で両方に泊まったが甲乙つけ難いように思われた。

● 経験ルートを反省する
　行く前に的確な案内が得られず残念なことが散見されました。
1、ソグネフィヨルドの最大の魅力フロム渓谷を徒歩または自転車で体感しなかった
2、歴史あるクドヴァンゲンで下船後直にバスに乗り換え、探訪ができなかった
3、ボルグン教会をやめてウルネス教会を見れば充分でソグンダールを拠点としてボヤ氷河などソグネフィヨルドの本流を探索すべきであった
4、スタルハイムでホテル保有の歴史展示場を見るのをうっかりした
5、ロフトフースでのトレッキングをソニア女王の道か4つの滝が連なるフセ渓谷にすべきであった。
6、ヴォーリング滝見物で1番肝心の下から見上げるコースを見落とした
7、ガイランゲルへはオンダルスネス経由で2つのヘアピンカーブを通って行くコースつのを取るべきでした
8、ガイランゲルでは事前調査不足でバスで自転車ごと運んでくれる down drive を体験できなかった
9、オルデン周辺の散歩よりゆっくりブリクスダール氷河を見て回った方が良かった
10、ブリクスダール氷河周辺はすがすがしく1泊して周辺を自転車や徒歩で散歩したかった。
11、ベルゲンから快速船でスタヴァンゲルに行ったが魅力のある景色は見当たらず、海岸に沿って有名なサイクリングロードを走るバスの方がよかった。
12、プレーケストーレンの頂上に行く直前のコースは山周りと海岸回りがあるのを知らなかったので両方海岸回りで行った。山周りから行き、返りを海岸回りにすると良いと思った。
13、荷物の預け場所に困ることがあった。（フロム、プリクスダール）
　背負子付キャリーバック、またはリュックサックにするべきであった。
14、停留所からホテルまでの行き方に戸惑った
　広く人影少ないベルゲンやストリーンのバスターミナル、無人の雨模様のフォスリ停留所

● フルコース案
　以上の反省を踏まえ、標準コースにオスロの博物館での予備知識の修得、ソグンダールを拠点にソグネフィヨルド本流をめぐる氷河見物を追加すると共にソグネフィヨルドの魅力ある拠点であるクドヴァンゲンとスタルハイムに泊り心置きなく見て回ることにしました。ハダンゲルフィヨルドの絶景であるヴォーリング滝を上下左右から見て回るとともにソニア女王の道を歩きハダンゲルフィヨルドを眺望します。ガイランゲルフィヨルドへの道筋に当たる独特の魅力あるオンダルスネス、オーレスンにも泊りその魅力に迫ります。美しいオルデ湖周辺を素通りするのはいかにも残念ですのでブリクスダールに泊まり周辺

を散策することにしました。プレイケストーレンの雨天に備え、天気予報次第でベルゲン、スタヴァンゲル間の3日間で日程を調整するようにしています。

費用概算80万円（内訳航空券（含む旅行保険代）270k￥＋沿岸急行船27k￥＋ホテル代含む現地費用21＊24日＝504k￥）

フルコース回遊計画 26日間

月日	曜	出発地	到着地	見　　学	宿泊地
7/4	月	成田JAL	ヘルシンキ	オスロ着 16:05	オスロ
7/5	火	オスロ		ヴァイキング博、民俗博行	オスロ
7/6	水	オスロ	フロム	ベルゲン鉄道、フロム鉄道 フロム着14:25　ステーガスタイン展望	フロム
7/7	木	フロム		フロム渓谷を徒歩で下る	フロム
7/8	金	フロム	ウルネス	ウルネススターヴ教会行 ソグンダール見物	ソグンダール
7/9	土	ソグンダール	ヨステダール	ニガード氷河	ソグンダール
7/10	日	ソグンダール	フロム	ネーロイFクルーズ グドヴァンゲンへ	グドヴァンゲン
7/11	月	グドヴァンゲン	スタルハイム	タクシー観光後スタルハイムへ	スタルハイム
7/12	火	スタルハイム		郵便道路トレッキング	ヴォス
7/13	水	ヴォス	アイフィヨルド	下船後ヴォーリング滝へ	フォスリ
7/14	木	フォスリ	アイフィヨルド	下から滝眺望後ロフトフスへ	ロフトフース
7/15	金	ロフトフース	ソニア登り口	ソニア女王の道縦走後 ベルゲンへ	ベルゲン
7/16	土	ベルゲン	オスロ	ベルゲン観光後空路オスロへ	オスロ
7/17	日	オスロ	オンダルスネス	ラウム鉄道 オンダルスネス周辺見物	オンダルスネス
7/18	月	オンダルスネス	ガイランゲル	ガイランゲルFクルーズ	ガイランゲル
7/19	火	ガイランゲル		スカイバイクドライブ	ガイランゲル
7/20	水	ガイランゲル	オースレン	ヴェステルオース牧場周辺散策後　沿岸急行船へ	オーレスン
7/21	木	オーレスン	ストリーン	アスクル山山頂後ストリーンへ	ストリーン
7/22	金	ストリーン	ブリクスダール	ブリクスダール氷河	ブリクスダール
7/23	土	ブリクスダール	オルデン	オルデン湖散策後ベルゲンへ	ベルゲン
7/24	日	ベルゲン		ベルゲン見物	ベルゲン
7/25	月	ベルゲン	スタヴァンゲル	バスでスタヴァンゲルへ 石油博	スタヴァンゲル
7/26	火	スタヴァンゲル	登り口	プレーケストーレン登頂	スタヴァンゲル
7/27	水			雨天予備日 フィヨルド海上クルーズ	
7/28	木	スタヴァンゲル		飛行機	機中泊
7/29	金		成田	成田着 8:55	

天気予報　25日晴　26、27日雨の場合は25日早く出てプレイケストーレン登頂する

他の回遊の仕方

予備知識を得るためや、高度千メートルのハダンゲル高原を縦断するノルウェーの東海道新幹線に相当するベルゲン鉄道を経験するために首都オスロをスタート地点とし、クライマックスをプレイケストーレン登頂で締める行程を作りましたが他にも色々のルートがあります。

●オスロをスタート地点とした別のルート

1、時計の逆回り

オスロ→オンダルスネス→ガイラゲルフィヨルド→オーレスン→ストリーン→ノールフィヨルド（ブリクスダール氷河）→ベルゲン→ミュールダール→フロム→ソグネフィヨルド→ヴォス→ハダンゲルフィヨルド→ベルゲン→スタヴァンゲル→リーセフィヨルド（プレイケストーレン）→オスロ。

2、時計回り

オスロ→スタヴァンゲル→リーセフィヨルド（プレイケストーレン）→ベルゲン→ミュールダール→フロム→ソグネフィヨルド→ヴォス→ハダンゲルフィヨルド→ベルゲン→オルデン→ノールフィヨルド（ブリクスダール氷河）→オルデン→オーレスン→ガイラゲルフィヨルド→オンダルスネス→オスロ

ただしガイランゲルフィヨルドからオンダルスネスに行くバスが夜間のためオンダルスネスに１泊する必要があります。

●ベルゲンを拠点として回遊するルート

フィヨルド観光の中心であるベルゲンを拠点とし回遊します。

ベルゲン→ミュールダール→フロム→ソグネフィヨルド→ヴォス→ハダンゲルフィヨルド→ベルゲン(沿岸急行船)→ガイラゲルフィヨルド→オーレスン→ストリーン→ノールフィヨルド（ブリクスダール氷河）→ベルゲン→スタヴァンゲル→リーセフィヨルド（プレイケストーレン）→オスロ。

沿岸急行船を使用せずベルゲン（ベルゲン急行）→オスロ→オンダルスネス→ガイランゲルフィヨルド→オーレスンと行きノールフィヨルドを経由してベルゲンに戻るのも良いでしょう。ベルゲンからオスロで行く代わりに飛行機でモルデに行きオンダルスネス経由ガイランゲルに入ることもできます。

ただベルゲンは大観光地なのでホテルが高いのが難点です。

●その他をスタート地点としたルート

飛行場のあるスタヴァンゲル、ソグンダール、オーレスン、モルデをスタート地点として今までの経路を組み合わせて回遊することもできます。

沿岸急行船の停泊するオーレスン、ガイランゲル、モルデを拠点にして組む事もできます。

8-5 自分の旅行計画を立てる

人により、
1、時間やお金はさておきフルにフィヨルドを満喫したい
2、働いているので休みを取れる期間内で行きたい
3、予算に限りがあるのでその範囲内で行きたい
4、健康状態から見て余裕を取って安全に旅行をしたい
5、同行者の趣味や希望を考慮したい等

色々の要望があることでしょう。

　記載した例を参考にして要望に沿った自分の旅行を計画して下さい。
●ウルネススターヴ教会は、土曜、日曜日は交通機関がほぼ止まり行けません。
●他は6-8月の夏シーズンは土、日曜共に平日のスケジュールですので行く事が出来ます。
●費用を決める大きな要因はノルウェーまで行く航空運賃、ホテル代金(含む夕食代)です。航空運賃はフリーバードやトラベルコちゃん、ホテル代はエクスペディア等の検索サイトで安い所を探す事ができます。
　航空運賃やホテル代は日にちをずらすだけでも価格が変動します。
●沿岸急行船を経験する為に利用していますが少し高めになっています。

オスロ駅

ベルゲン　美しい街並

9．詳細スケジュールの作成

●北欧専門の大手旅行代理店でもサポートしないローカルルート、ホテル

　北欧専門旅行会社といえども個人自由旅行で回遊する為に必須のバス・フェリーを使うローカルルートや僻地の提携外のホテルの案内や手配はしないので自ら打開することが求められます。日本では旅行計画を立てるための「乗換案内」等のツールがあり大変便利になっています。ノルウェーにはそれと同様な物としてRutebokとGulsiderがあります。

　ホテルについては世界中の僻地をもカバーする国際ホテル検索サイトがあり対応が可能になっています。

9－1　国内統合時刻表　Rutebokを使う

　Rutebokは長い歴史のあるNRIという業界団体が作成する時刻表検索サイトです。
　Gulsiderはスウェーデンの会社とノルウェーの検索会社とで運営されています。
　Rutebokは英語版があり、検索過程が表示されており表示メニューも豊富で充実しています。
　多くの旅行案内でも引用しており、ノルウェー大使館の旅行案内にも「全ノルウェー公共交通機関時刻表」として紹介されています。これを採用して旅程を調べる事にします。
　iphone向けに携帯用アプリもあります。（無料版入手方法：9－1最後、有料版もある）

　Rutebok　　http://rutebok.no　で以下の転換
　http://nri.websrv01.reiseinfo.no/nriiis/Default.aspx?Language=e

　これ一つでノルウェー内の全ての公共交通機関を含む時刻表の検索ができる優れもので個人旅行の旅程作成用の必須ツールです。言語を英語に設定して利用して下さい。
　Gulsiderは英語版がなく入力支援ツールも不備で外国人には適しません。結果のみ経路地図と共に表示するシンプルな形式になっていますのでチェックに使えばよいでしょう。

● Rutebokの利用上の難点
　1、観光会社運営の観光専用のクルーズ、バスは公共交通機関でない為サポートしていないので各フィヨルド観光案内サイトや運航観光バス会社のホームページから時刻表を入手します。
　2、最大の難関はノルウェー語の出発駅、目的駅を入力することにあります。
　　ノルウェー語も、地理も分からない外国旅行者には難しいので本書では5つの支援ツールを準備して利用出来るようにしています。

●利用方法とそれをサポートする5つの支援ツール
　1、機能
　　Rutebokには3つの機能があります。
　　1）旅程スケジュール検索機能「Travelplanner travel planner」

2）路線別時刻表「Timetable timetable Standard」
　　3）各駅発着便一覧「Departure and arrival boards」
2、活用の仕方
　　主として1）のスケジュール検索機能を使い予定する旅程のスケジュールを探します。
　　副次的に途中下車して散策したい場合やスケジュール表示がされないときの原因調査、乗り遅れた場合の回復手段調査などの為に路線別時刻表を使用します。
3、スケジュール検索機能をサポートする5つの支援ツール
　　ノルウェー語で書かれた路線ごとの時刻表を検索するためにはノルウェーの地域情報の知識が必要ですが外国人にとっては難しい。
　　そこでそれを補うために次のサポートをして検索ができるようにしています。
　　1）発／着駅の地名をノルウェー語で入力する必要があります。
　　　　関係するノルウェー語地名一覧を作成しました。
　　　　→付表2アイウエオ順ノルウェー語地名一覧
　　2）東京で西武線に乗るには池袋が出発駅名です。同様にベルゲンといっても鉄道、バス、船の駅名は異なります。
　　　　　路線別時刻表を検索するには詳細な駅名を入力する必要がありますが外国人旅行者にとって難しいので必要とされる全検索用駅名を記載しました。
　　　　→9－4予定行程を検索してみよう－各フィヨルド検索用駅名
　　3）路線別時刻表はノルウェーの県、郡別に分類して表示されていますが関係する路線の時刻表がある場所を探すのは土地勘のない外国人には難しいので掲載場所をのせてあります。
　　　　→9　参考2　関係路線掲載場所案内
　　4）作成事例紹介　実際に検索した結果の参考スケジュール例を表示してあります。
　　　　→9　参考1　参考詳細スケジュール表
　　5）Rutebokではサポートしない観光用ルートについては掲載サイトを記載しました。
　　　　→9－2Rutebukに掲載されない時刻表
　　これらを活用して詳細なスケジュールを作成して下さい。
4、ノルウェーの交通事情の特色を良く理解して検索する事
　　北極圏近くに位置するため冬は凍結しバスなどは運行停止、観光施設も休業するところも多い。　そのためノルウェーの交通機関の運行には次の特色があります。
　　1）季節毎に代わる
　　2）季節毎の中でも特定の日の限定（berre）、除外(ikkje)がある
　　3）曜日で変わる　DX67= 土日を除く平日　6＝土曜日　7＝日曜日
　　したがって検索に当たっては必ず月日を入力して下さい。
　　曜日、特に土、日に注意する。

●利用方法
　夏用のデーターが入力される2月以降 From、To、旅行日時を入力し検索してください。表示画面の制約で全部が表示されないので、出発時刻を6、10、14、18時に変えて全ての便を表示させて下さい。

●3つの機能

1、「Travelplanner- Travelplanner」
　　出発地、到着地、月日を入れて乗り換えを含むルートの時刻表を入手することが出来ます。
2、「Travelplanner-Departure-and arrival boards」
　　出発地又は到着地を入力して指定日の到着便または出発便のみの時刻表一覧を得ることが出来ます。
3、「Timetable-Standard」
　　検索の原データとなる交通機関経路別の往路、復路の時刻表を見ることが出来ます。
（除く飛行機、沿岸急行船）

1、「Travelplanner - Travelplanner」
検索画面

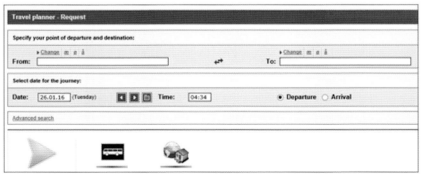

検索条件の入力
1、From　出発駅　To　到着駅の入力
　　ノルウェー語で乗降駅名を入力するので外国人には難しい。
　　9－4に記載した駅名を入力してください。

それでもエラーマークが出た場合は示される候補を順次試行してみる。
又は9 参考2に記載した該当経路を開いて駅名を探してみる。
日本語地名とノルウェー語地名対応表が付表2に掲載してあるので参考にする。
地名にエラーマークが出たときは取りあえず（AREA）から地名から選択し試行する。
同じ駅名であっても、選択しなおして再入力する。
2、Date 年月日の入力
表示は日、月、年となる（例　2017/1/15 → 15.1.17）
期間、曜日により、時刻表は異なるので必ず年月日を入力する。
3、Time 当初は規定値のまま
4、Departure にクリック　あらかじめなっている
5、三角のサーチボタンをクリック
（サーチボタンの上にある advanced search をクリックすると交通機関、乗換回数、経由地等を限定して検索できる。
フロム‐グドヴァンゲン、ウルヴィク‐アイフィヨルド間はバスでも行けるがフェリーでクルーズしたい場合は交通機関を Boat/Ferry/Expressboat に限定、バス直行便を希望する場合は Bus, no changes に限定して検索する。通常は使用しない）

回答画面

回答画面の見方
　交通機関別（By bus 等）に最短乗り換え時間の便が複数表示される。
　日付、出発、到着時刻、乗換出発、到着駅、所用時間及び乗り換え頻度及び利用交通機関（図形）が表示される
● Change 乗換
　Change に乗り換え頻度が表示される。直通は Direct
　1以上が表示された場合は Open info をクリックして乗り換え詳細を表示して確認する
●注記画面
1、Forrige dag 前日、Neste dag 翌日を押すと、前日翌日の検索結果が表示される。
2、First connection 始発、Last connection 最終便が表示される
3、復路は画面右上の「Return」切り替えボタンで表示される

4、前日翌日分が同一画面に表示される場合があるので日付を確認する（色が異なる）

● Time を変えてすべて表示させること
　表示スペースの制約で表示されない場合が多い。
　6、10、14、18 時と Time を変えてすべての便を表示させる。
● Open info の活用
　クリックすると乗り換えの明細など以下詳細が表示される。

Open info の見方、使い方

乗換駅、待ち時間、利用交通機関等の詳細が分かります。

●乗換経路図をみて経路を理解する
　左欄1の Map をクリック

Show the complete journey をクリックすると乗り換えを含む経路図が表示される。

詳細スケジュールの作成計画を立てる 73

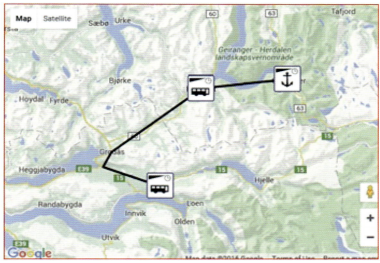

●乗換駅の場所を知りたい（p72 下の図を参照）

　　　Hellesylt ferjekai をクリックすると上記フェリー到着駅が表示される。
　　　Hellesylt をクリックするとバス乗換駅が表示される。
　　　両方をクリックして比較する事により行き方や遠近が分かる。

2の乗車路線番号をクリックすると当該運航の詳細が表示される

○	Brunstad	12:32	12:32
○	Hjorthol	12:33	12:33
○	Stranda ferjekai	13:00	13:05
○	Fjørstad	13:15	13:15
▶○	Hellesylt	13:50	13:50
○	Grodås	14:20	14:20
○	Kjøs bru	14:25	14:25
◀○	Stryn rutebilstasjon	14:45	-

Personal timetable   Standard timetable

赤枠の Standard timetable をクリックすると
検索に使われた当該路線の全時刻表が表示される。
前後の運航が分かる。乗り換えは最短のもののみが表示されるので1つ遅らせて次の便で行くときは全時刻表を参考にしてスケジュールする。早期に検索した場合はデータが未入力で表示されず後日に遅れて掲載される場合がある。

3をクリックすると元へ戻る

ノルウェー語駅名入力の参考事項
駅名関連単語
    stasjon　駅、rutebilstasjon　バス駅、kryss ジャンクション、ferje フェリー、
    ferjekai　フェリー乗り場、lufthawn　空港、

駅名選択
    Area　当該場所にバス、フェリー、空港等複数の駅がある場合一括して表示されるので選択する。注意マークが表示されたら再度候補から選択して入力する。
    他に同じ地名の場所がある場合は所在区域を示して特定する

詳細スケジュールの作成計画を立てる 75

●2、Departure and Arrival boards

Deparcher And Arrival boards	**Departure**：当該駅から当日出発する全交通機関の運航状況が表示される **Arrival**：当該駅に当日到着する全交通機関の状況が表示される 路線、次の便などを確認する等に参考使用する Stop/station　調べたい駅を入力 Date today か、その他の日を設定 Time　何時分から表示するか入力 **Number of connections**　最大50にする **Departure**：出発　**Arrival**：到着　を選択 **Stations near**　入力不要　**Distance**　入力不要 **Search**　をクリック
注意事項	期間設定はしないで確定日を設定する。 Forrige dag 前日、Neste dag 翌日を押して必要な日にする。

●3、Timetable – Standard
使用目的
　途中下車して次の便にすることが出来るか検討したい場合や、万一前の交通機関が遅延した時の対応方法を検討したい場合などに使用する。

県別分類表

地区別路線明細表

注意事項	地方交通機関と中央交通機関と区分して掲載している。 地方交通機関は県、地区ごとに区分表示されている。 各フィヨルドの所属する県、地区を確認しておく。 以下の時刻表は記載なしに付、以下より入手する。 飛行機　Wideroe 社 http://www.wideroe.no 沿岸急行船　http://www.hurtigruten.com/en/
Personal Standard	使用せず Standard をクリックする
Country Area	バス、ボート、フェリーの時刻表が県別に分類されている ソグネフィヨルド関連　　Sogn og Fjordane-Indre-Sogn ハダンゲルフィヨルド関連　Hordaland-hardanger ガイランゲルフィヨルド関連　Møre og Romsdal 　　オーレスン方面　Sunnmøre　オンダルスネス方面　Romsdal ノールフィヨルド関連　　Sogn og Fjordane-indre-Nordfjord リーセフィヨルド関連　　Rogaland 別に分類されている。 クリックするとさらにその中が地区別に分類されている。 所在地区を選択して必要な路線を選択する。 往路：Tur　復路：Retur 入れ替わって表示される。 外国人には所在場所が分からないので 9　参考 2　Timetable 関係路線掲載場所案内を参照ください 鉄道 急行バス メインルートバス、ボート 沿岸急行船（時刻表掲載なし） 国内航空便（時刻表掲載なし） 空港バス　各空港のリムジンバスの時刻表を見ることが出来る

バス時刻表　例

Rute: 23-504 (Lokalrute 23-504)					Fylke: Nasjonale hovedruter buss båt			Område: Vestlandet
Tur						Retur		

23-504 Sogndal-Lavik-Bergen

Utføres av: Nettbuss Sør AS　　Telefon: 815 35 015　　▸epost　　▸hjemmeside

20/5 15-18/6 16	DX67	DX67	DX67	*** 6	7	** 7	*** 7
Sogndal skysstasjon	0505	1450	1455	1620	1620	1450	1455
Hermansverk	0525	1515	1520	1640	1640	1515	1520
Leikanger kai	0530	1520	1525	1645	1645	1520	1525
Hella ferjekai		0550	1540	1545	1710	1710	1540	1545
Hella ferjekai		0550	1545	1545	1710	1710	1545	1545
Dragsvik ferjekai	0600b	1553	1555	1720b	1720b	1553	1555
Balestrand kai	0610	1605	1610	1735	1735	1605	1610
Høyanger rutebilstasjon	0650	1655	1700	1820	1820	1655	1700
Vadheim	0720	1725	1730	1845	1845	1725	1730
Vadheim	0720	1730	1730	1900	1900	1730	1730
Lavik kai	0800	1810	1810	1930	1930	1810	1810
Oppedal ferjekai	0820	1830	1830	1950	1950	1830	1830
Åsane terminal	0955a	2010a	2010a	2135a	2135a	2010a	2135a
Bergen busstasjon	1010	2025	2025	2150	2150	2025	2150

* Bare 1/1-17/5 16.　　A. Bare 1/1-31/5 16.　　b. Perioden 01.01. - 18.06.16, 3 min seinare.

ノルウェー時刻表の見方
上段の　往路　Tur　復路　Retur　で入れ替わる。
付表1　ノルウェー時刻表の見方を参照下さい。

iphone 用 Rutebok の入手方法
　iPhone 又は iPad からインターネットに接続し「Norway Rutebok」で検索すると表示される「Rutebok for mobile on the App Store –iTune-Apple」をクリックしてダウンロードする。
　英語表示の Rutebok の簡便版が入手できる（無料）。
　GPS を使用出来るので GPS を ON にして現在地からの時刻表が検索できる。
　現地で時間を限定して使うのには便利。
　有料の詳細版の Rutebok PRO がある（NOK7　約 1,200 円程度）
　目下 2016 年 8 月時点では Android 版は提供されていない。

Rutebok 問合せ先
　Rutebok に関する問合せ　support@reiseinfo.no　応答してくれます
　運営に関する問合せ　nri@reiseinfo.no

9−2　Rutebok に掲載されない時刻表

　観光会社が運行する観光用バスやフェリーは公共交通機関でないため Rutebok ではサポートしない。5 大フィヨルド移動に当たり Rutebok を使えないルートは以下 2 か所

● スタヴァンゲル−タウ−プレイケストーレン間フェリー・バス
　Tide Reiser と Boreal Transport という 2 つの観光バス会社が運航している。
　他のフィヨルドに比し多くの運航（夏用 8 〜 18 時往復 10 本以上　p95 参照）があるが Rutebok では検索できない

詳細スケジュールの作成計画を立てる 79

http://www.regionstavanger-ryfylke.com/en/
See&Do 内の「Get to the sight by bus and ferry」をクリックして表示される
両者の下記「Preikestolen by ferry and bus」を表示させ Timetable を見る。
又は visit Norway.com「Preikestolen bus and ferry」で検索
Boreal 社は掲載されているが Tide 社は掲載されていない。

▼ Tide Reiser

別途表示方法　https://www.tide.no/en/travel/stavanger/preikestolen/
▼ Boreal Transport

別途表示方法　http://www.pulpitrock.no/timetable/
両社の乗降スケジュールはほぼ同じです。
掲載サイトは変わる場合があります。弊会ホームページを参照下さい。

●ガイランゲルクルーズ
ガイランゲルフィヨルドの観光案内
http://www.geirangerfjord.no/english
fjordsightseeing by boat から
http://www.geirangerfjord.no/geirangerfjord-sightseeing-5
Geirangerfjord Cruise で検索

9-3　実地作成演習をしてみよう

フロムからウルネススターヴ教会へ行く　往路

ステップ1　ルート検索画面の表示

Travel planner-travel planner で検索画面を表示させる

区間 from to	From Flåm　To ornes 1、付表2　フィヨルドノルウェー語地名一覧を見てノルウェー語の地名を入力する。教会名は Urnes ですが降船駅は Ornes 2、特殊文字は入力枠上段から選びクリックして入力する。
出発日 date	直接入力、又はカレンダーボタンから入力 日付、曜日により時刻表は違うので必ず当該日を入力する。
開始時刻 time	既存のままでよい
表示方法	出発 departure　到着 arrival　通常は departure
検索開始	Search ボタンをクリック

From エラー修正	▽ をクリックすると表示される候補から選ぶ
To エラー修正	▽ をクリックすると表示される候補から選ぶ
	選び方　9-4　ウルネススターヴ教会を参照する From（Area）Flåm　To Ornes kai（Luster）
再度検索する	Search ボタンをクリック

ステップ4　検索結果表示

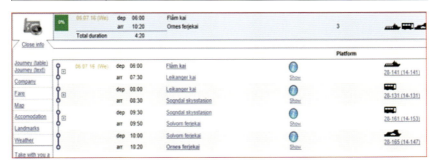

全件表示させる	画面制限で表示されない便をすべて表示させる
	Time を 6、10、14、18 時に設定し 4 時間間隔で全て表示させる
適格運航の選択	到着時間、乗車時間を考慮して決定する
乗り継ぎ change	Change が 1 以上、Direct 以外は乗り継ぎがある

ステップ5　乗り継ぎ内容の確認

Openinfo クリック	選択した便の横にある Openinfo をクリック

乗り換え時刻、乗換駅、待ち時間、乗車時間、利用交通機関が表示される
　　6 時にフロムフェリー乗り場からフェリーに乗船し Leikanger 7 時 30 分着
　　30 分待機し 8 時バスに乗り換え 8 時 30 分 Sogndal 着
　　1 時間待機し 9 時 30 分バスを乗り換え 9 時 50 分 Solvorn 着
　　10 分待機し 10 時フェリーに乗り換え 10 時 20 分ウルネス着
　　所要時間　4 時間 20 分
　　ここから歩いて 20 分ウルネス教会へ行く

乗換経路表示
　　左脇の Map を押すと表示される Show the complete journey を押す
　　以上の乗り換え経路が図示され分かりやすい

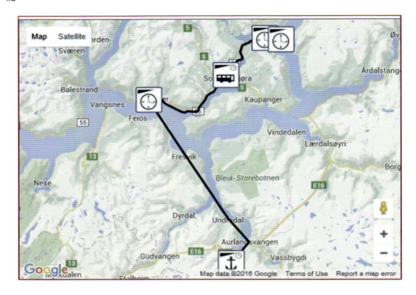

乗換駅地図表示(左脇 Map クリック)
　到着駅、乗換駅をクリックするとそれぞれの駅の所在地図が表示される

　　バス到着駅　Solvorn ferjekai　　　　　フェリー乗り場　Solvorn ferjekai

　それぞれをクリックして比べてみて行き方や遠近が分かる。

ステップ６　利用路線の全時刻表表示
利用路線全時刻表
　利用路線をクリックし表示される画面の下記画像をクリック

全時刻表が表示される　途中下車し次の便で行く様な場合に使う

Timetable timetable に未登録の場合は表示されない

ウルネススターヴ教会からフロムへ戻る　　帰路

ステップ1　ルート検索画面の表示

右　| return |　をクリックすると From To がひっくり返り帰路になる

ステップ2　検索条件の入力
Date の入力
　日帰り、宿泊により出発日を設定

ステップ3　入力エラー修正　大体の場合　⚠　表示される

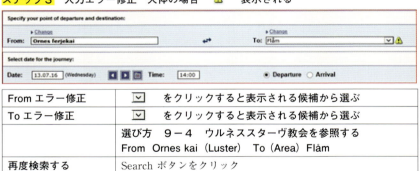

From エラー修正	▼ をクリックすると表示される候補から選ぶ
To エラー修正	▼ をクリックすると表示される候補から選ぶ
	選び方　9-4　ウルネススターヴ教会を参照する From　Ornes kai（Luster）　To（Area）Flåm
再度検索する	Search ボタンをクリック

詳細スケジュールの作成計画を立てる　85

ステップ4　　検索結果表示

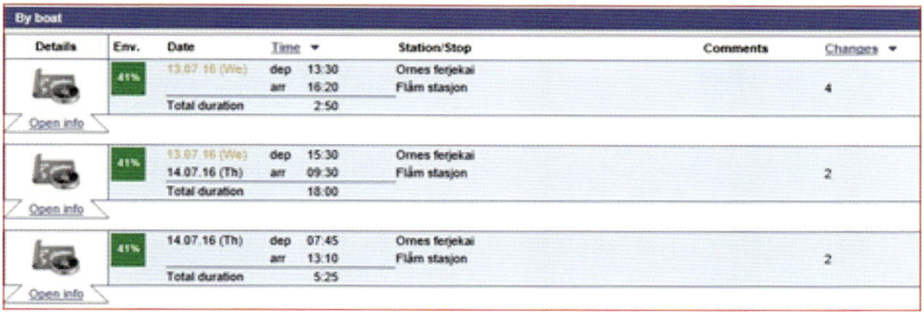

全件表示させる	画面制限で表示されない便をすべて表示させる
	Time を 6、10、14、18 時に設定し 4 時間間隔で全て表示させる
適格運航の選択	出発時間、乗車時間、到着時間を考慮して決定する
乗り継ぎ change	Change が 1 以上、Direct 以外は乗り継ぎがある

ステップ5　乗り継ぎ内容の確認

Openinfo クリック
　選択した便の横にある Openinfo をクリック

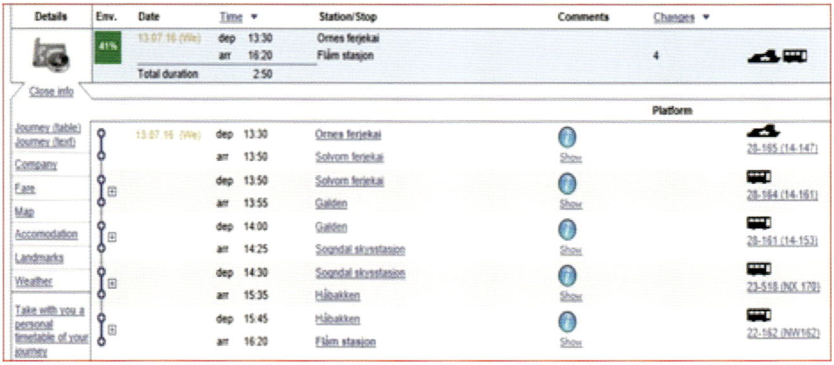

13 時 30 分 Ornes フェリー乗り場発 13 時 50 分 Solvorn 着
13 時 50 分 Solvorn 発 13 時 55 分 Galden 着
5 分待機 14 時 Galden 発 14 時 25 分 Sogndal 着
5 分待機 14 時 30 分 Sogndal 発 15 時 35 分 Håbakken 着
10 分待機 15 時 45 分 Håbakken 発 16 時 20 分 Flåm 着
所要時間 2 時間 50 分　乗り換え時間が少なく行きより大幅時間短縮された。

直前再点検
　フロム－ソグンダール間は直通のバスがあると思われる。
　今回試行時点に直通バスの時刻表データが入力されていなかった可能性もある。旅行の少し前に再調査してみてください。

９－４　予定行程を検索してみよう

実行時期
　旅行シーズンの夏用の時刻表が検索用データベースに登録されていないと検索を実行できません。シーズン開始の４ヶ月前迄には登録をする事になっているので夏シーズン用の時刻表の登録は２月下旬～３月になるようです。地域により早い所・遅い所があるようなので行く前の４ヶ月・２ヶ月前位の２回は行って確認すると良いと思います。Timetable-Timetable に載る路線別時刻表の掲載は少し遅くなるようです。確認したい場合には少し間をおいてみてください。

Travel planner － Travel planner 時刻表検索のやり方（実行前復習）
▼やり方
　From、to に駅名を入力して検索する。注意マークが出たら直す。
　　直し方　下記９－４方面別案内を参照の上再入力してください。
　Date 期間、曜日で時刻表が変わるので必ず記入
　Time　既定値のまま
　Search ボタンをクリックする
　●４回サーチする
　　画面の制限により表示されない時間帯があるので開始時間を６、10、14、18 時と変えて４回検索し直し全てを表示させて下さい。
▼見方
　帰路　　Return で帰路の時刻表が表示される
　By bus、boat、train 等の交通機関別に時刻表が表示される
　First connection、last connection　始発、最終便が表示される
　Forrige dag 、Neste dag　前、後の日の時刻表が表示される
　Change　乗換回数が表示される
　Openinfo　クリックすると乗換場所、時間、路線番号が表示される
　　１、路線番号をクリックすると通過駅が表示される
　　２、表示画面の枠外下段の standard timetable の画面をクリックすると路線の全体時刻表が表示される。表示画面の上段に県、地区が表示されている
　　３、Map をクリックし乗り換え駅をクリックすると駅の地図が表示される
　　　　Show the complete journey をクリックすると経路図が表示される

詳細スケジュールの作成計画を立てる　87

●オスロで予備知識を得る

ビィグドイ地区	ヴァイキング船、民俗博　バス No10、又は市庁舎前からフェリー。フェリー下船後少し歩く。バスは両者の目の前に停車。バス推奨。

●ソグネフィヨルド
▼フロム方面から行く

ベルゲン鉄道	Area-National rail routes 41 ミュールダールでフロム鉄道へ乗換、下車しフロム迄歩くことも可能
フロム鉄道	Area-National rail routes 42　途中下車し歩くことも可能
ベルゲン – フロム	From Bergen（Area Bergen bergenhus）to Area Flåm
オスロ – フロム	From Oslo（Area Oslo sentrum）to Area Flåm
ミュールダールからフロム	From Myrdal stasjon（Aurland）to Flåm（Area Flåm）

▼ソグネフィヨルドクルーズ

　From Flåm kai to Gudvangen ferjekai
　Search ボタンの上にある Advanced reseach をクリックして Select means of conveyance（利用交通機関）を boat/ferry/expressboat に限定して検索する

グドヴァンゲン – ヴォス間バス	From Gudvangen（Area Gudvangen）to Voss（Voss stasjon） From Gudvangen（Area Gudvangen）to Stalheim（Voss） From Stalheim（Voss）to Voss（Voss stasjon）
ヴォス – ベルゲン電車	From Voss（Voss stasjon）to Bergen（Bergen stasjon）

▼ソグンダール方面から行く

氷河博物館＋ボヤ、スッペラ氷河	From Sogndal（Area Sogndal）to Fjærland（Area Fjærland）
ニガード氷河	From Sogndal（Area Sogndal）to Jostedal（Jostedal Luster）
ヨツンヘイメンでの登山	Timetable-Standard-County-Sogn og Fjordane-Indre Sogn 144 夏期間限定
ソグンダール – フロム	From Sogndal（Area Sogndal）to Flåm（Area Flåm）

●ウルネススターヴ教会

　ソグンダールからソルヴォーン迄バスで行き、フェリーでウルネスに渡り、景色のよいだらだら坂を徒歩で30分、ウルネスでは見学時間を含め2時間程度必要。

検索地名	Ornes, Solvorn, Sogndal, Bergen, Flåm, Lærdal
ベルゲン発	From Bergen（Area Bergen bergenhus）to Ornes（Ornes kai（Luster））
オスロ発	From Oslo（Oslo Centrum）to Ornes（Ornes kai（Luster）） 　Bergen や Oslo からは滞在時間を考慮すると往復は無理。
フロム発	From Flåm（Area Flåm）to Ornes（Ornes kai（Luster））
Lærdal 発	From Lærdal（Lærdal Rådhus）to Ornes kai（Luster）
Sogndal 発	From Sogndal（Sogndal skysstasjon）to Ornes（Ornes kai（Luster）） 　余裕をもって早便で行ける。 　タクシーでソルボーン迄行くことも可能。時間を有効に使える。

ソグンダール行	空港があるので遠方からは飛行機が早い
ベルゲン発	From Bergen（Bergenhus）to Sogndal（Sogndalsfjøra）
オスロ発	From Oslo（Oslo Centrum）to Sogndal（Sogndalsfjøra）
フロム発	From Flåm to Sogndal（Sogndalsfjøra）

●ボルグンスターヴ教会

ラールダールからの支線にありバス停から徒歩3分。1時間程度の見学時間が必要。

検索地名	Borgund stavkyrkje, Bergen, Lærdal, Sogndal, Lillehammer
フロム発	From Flåm（Area Flåm）to Borgund stavkyrkje 見学時間を考慮して旅程を決める。
ベルゲン発	From Bergen（Area Bergenhus）to Borgund stavkyrkje
ソグンダール発	From Sogndal（Area Sogndal）to Borgund stavkyrkje
Lærdal 発	From Lærdal（Lærdal rådhus）to Borgund stavkyrkje
リレハンメル発	From Lillehammer（Area Lillehammer）to Borgund stavkyrkje

●ハダンゲルフィヨルド

ヴォスからバスでウルヴィクに行き果樹園が広がる静かなフィヨルドをクルーズし、途中アイフィヨルドで滝つぼの上からヴォーリング滝が流れ落ちる絶景を見てノールハイムスンで下船しベルゲンに帰る（逆周りも可能）。

検索地名	Ulvik, Eidfjord, Fossli, Lofthus, Norheimsund, Voss, Bergen

▼ Ulvik-Norheimsund のクルーズ

クルーズ時刻表	少ない船で運航するために複雑な運航になっていて検索ができない。 1及び2に分けて検索する 　1、From Ulvik båtkai to Eidfjordbåtkai 　2、From Eidfjordbåtkai to Norheimsund båtkai ●ウルヴィクから出航しノールハイムスンで下船する場合 　　Retur 復路でウルヴィクを 11:15 に出発しアイフィヨルド 11:45 に着き、約3時間の途中待機時間にヴォーリング滝オプショナルツアー（必見現地参加可）に参加した後、Tur 往路に 14:40 反転しハダンゲルフィヨルドを縦断してノールハイムスンに 17:30 到着する。 ●ノールハイムスンから出航しウルヴィクで下船する場合 　Tur 往路でノールハイムスンを 9:00 に出発しアイフィヨルド 11:45 に着き、約3時間の途中待機時間にヴォーリング滝オプショナルツアー（必見現地参加可）に参加した後、Retur 復路に 14:40 反転しウルヴィクに 15:15 到着する。 Timetable-Standard-County-Hordaland-Hardanger 2095
Voss-Ulvik バス	From Voss（Area Voss）to Ulvik（Ulvik båtkai）（船乗場） **クルーズ出発 11 時 15 分に間に合わせる**

詳細スケジュールの作成計画を立てる　89

▼途中下車	Eidfjord で途中下車しヴォーリング滝へ
Ulvik-Eidfjord	From Ulvikbåtkai to Eidfjordbåtkai
Eidfjord-Fossli	From Eidfjord båtkai to Fossli kryss (eidfjord)
Fossli-Eidfjord	From Fossli kryss (eidfjord) to Eidfjord båtkai
▼途中下車	Lofthus で途中下車しトレッキング
Eidfjord-Lofthus	From Eidfjord båtkai to Lofthus båtkai (Ullensvang)
Lofthus-Norheimsund	From Lofthus båtkai (Ullensvang) to Norheimsund båtkai
Norheimsund-Bergen バス	From Norheimsund (Area Norheimsund terminal) to Bergen (Bergen bergenhus) 日付、DepartureTime のところに表示される時間帯を選択する。 クルーズの到着は17時30分なので17時以降を順次選択して調べる。 17時40分、18時45分、19時、22時10分発があるのが分かる。
バス、電車でも可	電車は Arna-Bergen 間　時間はバス直行とほぼ同じ

▼ **Bergen-Norheimsund-Ulvik-Voss のクルーズコース**

Bergen-norheimsund バス	From Bergen bergenhus to Norheimsund båtkai クルーズ出発時間9時に合わせる 観光案内所近くの Torget 駅から3つバスを乗り換えて7時55分着
電車、バスでも可	電車は Arna-Bergen 間

Bergen-Oslo 飛行機

Wideroe	ノルウェー国内便　http://www.wideroe.no/en From Bergen (BGO) to Oslo (OSL)

▼ **Odda 方面から**

トロールトゥンガ登り口	From Odda busstasjon to Skjeggedalsvegen オッタからの往復の時刻表が掲載 http://www.hardangerfjord.com/en/Artikler/Trolltunga/

● **ガイランゲルフィヨルド**

　オンダルスネス、ヘレシルト、オーレスンの往路、復路を組合せ最善のルートを設定できる。

検索地名	Åndalsnes, Geiranger, Hellesylt, Ålesund, Oslo, Bergen

▼オスロからオンダルスネス経由で行く　以下2経路に分割して検索する

オスロ – オンダルスネス　鉄道	ラウム鉄道経由 From Oslo (Area Oslo centrum) to Åndalsnes stasjon First connection でオスロ駅発 8:02 が表示される
オンダルスネス – ガイランゲル – バス	From Åndalsnes (Area Åndalsnes) to Geiranger (Area geiranger)

▼オンダルスネスからオーレスン方面へ

オンダルスネス－オーレスン	From Åndalsnes (Area Åndalsnes) to Ålesund (Area Ålesund sentrum)
オンダルスネス－モルデ	From Åndalsnes (Area Åndalsnes) to Molde (Area Molde sentrum)

▼ヘレシルト経由ガイランゲルフィヨルドを通って行く

ベルゲン方面からヘレシルトへ	From Bergen (Area Bergen bergenhus) to Hellesylt
オーレスンからヘレシルトへ	From Ålesund (Ålesund sentrum) to Hellesylt
ヘレシルトからガイランゲル迄フェリーで行く	From Hellesylt (Hellesylt ferjekai) to Geiranger (Geiranger Ferjekai) ヘレシルトーガイランゲル間フェリー（6時30分まで1時間30分毎、所要時間1時間5分） フィヨルドを通るのでフィヨルドクルーズを兼ねる

▼オーレスンから直接行く

オーレスン－ガイランゲルバス	From Ålesund (Ålesund sentrum) to Geiranger (Area geiranger) バスは鷹巣七曲り、オールネスビンゲン展望台を経由して来る 15時以降往路、帰路各1本

▼沿岸急行船で行く

ベルゲン、オーレスンから	http://www.hurtigruten-jp.com/ 夏の6/1－8/31の間のみガイランゲルに寄港する ベルゲンからガイランゲル迄区間乗船する。上記日本代理店で予約できる。 From Bergen Hurtigrutekai to Geiranger Hurtigrutekai From Ålesund Hurtigrutekai to Geiranger Hurtigrutekai Search ボタンの上にある advanced research をクリックして select means of conveyance（利用交通機関）を boat/ferry/express boat に限定して検索する。

● ノールフィヨルド

　ストリーン（またはオルデン）で1泊後、バスでブリクスダール氷河へ
　　乗車時間、見学時間を考慮すると1泊して早いバスに乗る必要がある。

検索地名	Stryn, Olden, Briksdalen, Bergen, Hellesylt, Ålesund
▼ヘレシルト－ストリーン	From Hellesylt to Stryn (Stryn rutebilstasjon)
▼オーレスン－ストリーン	From Ålesund (Ålesund sentrum) to Stryn (Stryn rutebilstasjon) バスの出発駅が他と異なるので確認のこと
▼ベルゲン－ストリーン	From Bergen (Bergen Bergenhus) to Stryn (Stryn rutebilstasjon)
▼ストリーン－ブリクスダーレン	From Stryn rutebilstasjon to Briksdalen バスは olden を経由する
ブリクスダーレンからベルゲンへ	From Briksdalen To Bergen sentrum

詳細スケジュールの作成計画を立てる　91

● リーセフィヨルドへ
　スタヴァンゲルからフェリーでタウに行きバスでプレイケストーレンへ行く
　Tau からプレイケストーレン迄のバスは観光バスに付 rutebok には掲載されていないので観光会社の時刻表を参照する。夜まで多くの運航がある。

検索地名	Stavanger, Tau, Preikestolen
ベルゲン－スタヴァンゲル	バス From Bergen sentrum to Stavanger sentrum 飛行機 From Bergen lufthavn Flesland to Stavanger lufthavn Sola
スタヴァンゲル－タウ間フェリ	From Fiskepirterminalon（stavarger）to Tau kai（strand） Timetable-Standard-County-Rogaland-Stavanger 51
スタヴァンゲル－プレイケストーレン Boreal Transport 社	２社からフェリー、バスが運航されている。 夏用 8〜18 時　往復 10 本以上有　p95 参照 プレイケストーレンの乗降場所　登り口前　ホテル経由あり
Tide Reiser 社	ホテル経由はしていない。プレイケストーレンで乗降場所　駐車場

スタヴァンゲル市街－空港－オスロ空港
飛行機検索　Stavanger sentrum－Oslo lufthavn

▼ シェラーグ

スタヴァンゲルからバスツアー	6月中旬から8月末 7時30分出発 19時15分着　約12時間が簡便 p54 参照
自動車	フェリーでリーセボーテンに行き、登り口の Øygardstøl へ行く

参考１　詳細スケジュール表

2016年5月20日作成　2016年夏用詳細スケジュール
　正しい検索が行われる為には検索用データベースに原となる路線別時刻表が入力されている必要があります。（予定2月末～3月）地域別にばらつきがありますので出発前の4ヶ月前、2ヶ月前の2回位行って確認してください。

最短コース案

最短コース詳細スケジュール（11日間）

月日	曜	出発地	発地	見　　　学	終着地	着時間
7/4	月	成田 JAL	11:00	ヘルシンキ着 15:20 同発 16:05	オスロ	16:35
7/5	火	オスロ	8:25	ミュールダール着 13:01 同発 13:27 フロム着 14:25 F クルーズ発 15:00 グドヴァンゲン着 17:15 同発 19:07	ヴォス	19:55
7/6	水	ヴォス	10:05	ウルヴィク着 11:00 発 11:15 クルーズ乗船　アイF着 11:45　下船後同発 11:50　ヴォーリング滝へ、アイ着 14:20 発 14:40　ノールハイムスン着 17:30 同発 18:45	ベルゲン	20:05
7/7	木	ベルゲン	20:00	ハンザ博物館等ベルゲン見物 沿岸急行船乗船 20:00		
7/8	金			8日 13:25 着 バイクダウンヒル 15:00-18:00	ガイランゲル	13:25
7/9	土	ガイランゲル	15:30	ヴェステルオース牧場周辺散策 ヘレシルト着 16:35 同発 17:30	ストリーン	18:20
7/10	日	ストリーン	9:45	ブリクスダール氷河着 10:45 散策 同発 15:15 オルデン着 15:45 同発 15:50	ベルゲン	21:50
7/11	月	ベルゲン	10:00	バスでスタヴァンゲルへ 石油博物館	スタヴァン街	15:30
7/12	火	スタヴァンゲル	8:40	登り口着 9:45 プレーケストーレン登頂 帰りバス発 16:00	スタヴァン街	17:10
7/13	水	スタヴァンゲル	9:35	空港行バス発 9:35 同着 10:00 飛行機発 11:10 オスロ空港着 12:00		
7/14	木			JAL オスロ発 13:15 ヘルシンキ着 15:40 同発 17:15	成田	8:55

天気予報11日晴　12日雨の場合は11日早く出てプレイケストーレン登頂する

標準コース案

標準コース詳細スケジュール（17日間）

月日	曜	出発地	発地	見　　学	終着地	着時間
7/4	月	成田 JAL	11:00	ヘルシンキ着15:20 同発16:05	オスロ	16:35
7/5	火	オスロ	8:25	ミュールダール着13:01 フロム鉄道発13:27 ステーガスタイン展望発17:00 着17:30 発18:00	フロム フロム	14:25 18:30
7/6	水	フロム	9:45	ミュールダール着10:43 フロム渓谷徒歩で下る	フロム	17:00
7/7	木	フロム	6:00	ウルネス教会行 フェリーでレイカンゲル着7:30 バス発8:00　ソグンダール着8:30 発9:30　ソルヴォーン着9:50 発10:00　ウルネス着10:20 徒歩30分　ウルネス発13:30 ソルヴォーン発13:50　ソグンダール発 14:30 ホバッケン発15:45	フロム	16:20
7/8	金	フロム	9:00	クルーズ乗船　グドヴァンゲン着 11:15　散策　同発13:20 スタルハイム着13:35　散策 同発18:00	ヴォス	19:00
7/9	土	ヴォス	10:05	ウルヴィク着11:00 発11:15 クルーズ乗船　アイF着11:45 下船後同発11:50　ヴォーリン滝へ アイF着14:20 発14:40 ノールハイムスン着17:30 同発18:45	ベルゲン	20:05
7/10	日	ベルゲン	14:30	ベルゲン観光　同空港発16:00 オスロ空港着16:50	オスロ	18:00
7/11	月	オスロ	8:02	ドンボス着12:02 同発ラウム鉄道 12:02　オンダルスネス着13:28 タクシー観光　バス発18:00	ガイランゲル	20:47
7/12	火	ガイランゲル		バイクダウンヒル10:30　3時間 Fクルーズ 17:00-18:30		
7/13	水	ガイランゲル	13:30	ヴェステルオース牧場周辺散策 沿岸急行船へ	オーレスン	18:15
7/14	木	オーレスン	14:55	アスクル山頂眺望後ストリーンへ	ストリーン	18:20
7/15	金	ストリーン	9:45	ブリクスダール氷河着10:45 散策　同発15:15　オルデン着15:45 同発15:50	ベルゲン	21:50
7/16	土	ベルゲン	10:00	バス　スタヴァンゲル着後石油博	スタヴァ街	15:30
7/17	日	スタヴァンゲル	8:40	登り口着9:45 プレーケストーレン登頂 帰りバス発16:00	スタヴァ街	17:10
7/18	月			雨天予備　フィヨルドから見るクルーズ	スタヴァ街	
7/19	火	スタヴァンゲル	9:35	空港行バス発9:35 同発10:00 飛行機発11:10 オスロ空港着12:00		
7/20	水			JAL オスロ発13:15 ヘルシンキ着15:40 同発17:15	成田	8:55

天気予報　16日晴 17,18日雨の場合は16日早出しプレイケストーレン登頂する。時刻表最短コース参照。

フルコース案

フルコース詳細スケジュール（26日間）

月日	曜	出発地	発地	見　　学	終着地	着時間
7/4	月	成田 JAL	11:00	ヘルシンキ着15:20 同発16:05	オスロ	16:35
7/5	火	オスロ		ヴァイキング博、民俗博行		
7/6	水	オスロ	8:25	ミュールダール着13:01 フロム鉄道発13:27 ステーガスタイン展望発17:00 着17:30 発18:00	フロム フロム	14:25 18:30
7/7	木	フロム	9:45	ミュールダール着10:43 フロム渓谷徒歩で下る	フロム	17:00
7/8	金	フロム	6:00	ウルネス教会行 フェリーでレイカンゲル着7:30 バス発8:00 ソグンダール着8:30 発9:30 ソルヴォーン着9:50 発10:00 ウルネス着10:20 徒歩30分 ウルネス発13:30 ソルヴォーン発13:50	ソグンダール	14:25
7/9	土	ソグンダール	8:35	ヨステダール着9:45 ニガード氷河探訪ヨステ発17:10	ソグンダール	18:35
7/10	日	ソグンダール	11:40	バスとフェリーでフロム着13:25 フロム散策 Fクルーズ発15:00	グドヴァンゲン	17:15
7/11	月	グドヴァンゲン	13:20	グドヴァンゲン タクシー観光後バス スタルハイム博物館	スタルハイム	13:35
7/12	火	スタルハイム	15:55	郵便道路トレッキング後　バスでヴォスへ	ヴォス	16:55
7/13	水	ヴォス	10:05	ウルヴィク着11:00 発11:15 クルーズ船アイフィヨルド着11:45 同発13:55	フォスリ	14:15
7/14	木	フォスリ	10:00	下から眺望場所迄徒歩　最寄駅バス乗車　アイフィヨルド着13:45 同発14:40	ロフトフース	16:15
7/15	金	ロフトフース	9:00	登り口着9:10　ソニア女王の道 ロフトフース発16:15 ノールハイムスン着17:30　バス同発18:45	ベルゲン	20:05
7/16	土	ベルゲン	14:00	ベルゲン観光　ベルゲン空港発16:00 オスロ空港着16:50	オスロ市街	18:00
7/17	日	オスロ	8:02	ドンボス着12:02 同発ラウム鉄道12:02 オンダルスネス着後　周辺観光	オンダルスネス	13:28
7/18	月	オンダルスネス	8:20	ガイランゲル着後Fクルーズ14:30-16:00	ガイランゲル	11:20
7/19	火	ガイランゲル		バイクダウンヒル10:30　3時間 スカゲフロ牧場跡から姉妹滝を見る		
7/20	水	ガイランゲル	13:30	ヴェステルオース牧場周辺散策 沿岸急行船へ	オースレン	18:15
7/21	木	オースレン	14:55	アスクル山頂後　ストリーンへ	ストリーン	18:20
7/22	金	ストレーン	9:45	ブリクスダール氷河着10:45　散策	ブリクスダール	10:45
7/23	土	ブリクスダール	15:15	オルデ湖辺トレッキング オルデン着15:45 同発15:50	ベルゲン	21:50
7/24	日			ベルゲン観光　グリーク博物館	ベルゲン	
7/25	月	ベルゲン	10:00	バス　スタヴァンゲル着後石油博	スタヴァ市街	15:30

7/26	火	スタヴァンゲル	8:40	登り口着 9:45 プレーケストーレン登頂 発 16:00	スタヴァ市街	17:10
7/27	水			雨天予備日　フィヨルド海上クルーズ	スタヴァ市街	
7/28	木	スタヴァンゲル	9:35	バス発 9:35 同着 10:00 飛行機発 11:10 オスロ着 12:00		
7/29	金			JAL オスロ発 13:15 ヘルシンキ着 15:40 同発 17:15	成田	8:55

天気予報　25日晴 26,27日雨の場合早出しプレイケストーレン登頂する。時刻表　最短コース参照

プレイケストーレン雨天時　日程調整用資料（参考）2016年夏用
ベルゲン―スタヴァンゲル時刻表
　　バス
　　　平日　6:00-11:30 7:55-13:30 9:00-13:50
　　　土曜日　7:30-13:00 9:00-14:00
　　　日曜日　9:00-14:30
　　飛行機（空港発着時刻）
　　　平日　7:50　8:30 又は 9:00　11:55 又は 12:45　の3便　乗車時間35分
　　　土曜日　11:25
　　　日曜日　13:05
スタヴァンゲル―プレイケストーレン登り口時刻表(平日)
　　往路発　8:00 8:40 9:20 10:00 10:40 11:20 12:40 13:20 14:40 15:20 16:00
　　　　　　16:40 17:20 18:40　　　乗車時間1時間5分　14便
　　復路発　9:15 9:55 10:35 11:15 12:30 12:45 13:45 14:30 16:00 16:30 17:45
　　　　　　18:20 19:25 20:00 21:00　乗車時間1時間20分　15便
　　土、日曜日は変更になり、1－2便少ない

参考2　Timetable 関係路線掲載場所案内

　検索入力駅名の調査、途中下車して散策したい場合やスケジュール表示がされないときの原因調査、乗り遅れた場合の回復手段調査などの為に路線別時刻表を使用します。
　検索データデーブルに登録されていても Timetable-Timetable には掲載の遅れるもの、まれに未掲載のものがあります。少し時期をおいて旅行前に確認してみて下さい。

参考2　Rutebok － Timetable-Timetable 関係路線掲載場所案内

目的経路		車	関係路線掲載場所			路番
出発	到着		県	郡	経路区間	
ソグネフィヨルド方面						
「オスロ-フロム」	*ベルゲン／ヴォスからも同じ					
オスロ*	ミュールダール	R	(Area) National Rail	Innenlandske	Oslo - Bergen	41
ミュールダール	フロム	R	(Area) National Rail	Innenlandske	Flam - Myrdal	42
「ネーロイFクルーズ」						
フロム	グドヴァンゲン	C	Sogn og Fjordane	Indre Sogn	Flam - Gudvangen	14-900
「スタル-ヴォス」						
グドヴァンゲン	スタルハイム	B	Sogn og Fjordane	Indre Sogn	Sogndal - Bergen	NX450
スタルハイム	ヴォス	B	Sogn og Fjordane	Indre Sogn	Sogndal - Bergen	NX450
「ウルネス教会」						
フロム	ソグンダール	B	Sogn og Fjordane	Indre Sogn	Sogndal - Bergen	NX450
ソグンダール	ソルヴォーン	B	Sogn og Fjordane	Indre Sogn	Sogndal - Fortun	14-153
ソルヴォーン	ウルネス	F	Sogn og Fjordane	Indre Sogn	Solvorn - Urnes	14-147
「ボルグン教会」						
フロム	ボルグン	B	Sogn og Fjordane	Indre Sogn	Lillehammer - Bergen	NW162
ソグンダール方面より						
「ボルグン教会」						
ソグンダール	ホパッケン	B	Sogn og Fjordane	Indre Sogn	Sogndal - Bergen	NX450
ホパッケン	ボルグン	B	Sogn og Fjordane	Indre Sogn	Lillehammer - Bergen	NW162
「ニガード氷河」						
ソグンダール	ヨステダール	B	Sogn og Fjordane	Indre Sogn	Sogndal - Jostedalen	14-159
ハダンゲルフィヨルド方面						
「ハダンゲルFクルーズ」						
ヴォス	ウルヴィク	B	Hordaland	Hardanger	Ulvik - Voss	945
ウルヴィク	アイフィヨルド	C	Hordaland	Hardanger	Norheimsund - Eidsdal	2095
アイフィヨルド	ヴォーリング滝	B	(必見)エイドフィヨルド下船すぐの観光案内所で購入可			
アイフィヨルド	ノールハイムスン	C	Hordaland	Hardanger	Norheimsund - Eidsdal	2095
「ヴォーリング滝」						
アイフィヨルド	フォスリ	B	Hordaland	Sunnhordland	Geilo - Odda	991
アイフィヨルド	ロストフース	C	Hordaland	Hardanger	Norheimsund - Eidsdal	2095
ロストフース	ノールハイムスン	C	Hordaland	Hardanger	Norheimsund - Eidsdal	2095
ノールハイムスン	ベルゲン	B	Hordaland	Hardanger	Odda - Bergen	930

A：飛行機　B：バス　F：フェリー　S：船　C：クルーズ船　R：電車

詳細スケジュールの作成計画を立てる 97

Rutebok － Timetable-Timetable 関係路線掲載場所案内

目的経路		車	関係路線掲載場所			
出発	到着		県	郡	経路区間	路番
ガイランゲルフィヨルド方面						
「ベルゲン－オスロ」						
ベルゲン市街	ベルゲン空港	B	(Area) Airport Bus		Bergenlufthavn－Bergen	3010
ベルゲン空港	オスロ空港	A	Wideroe ノルウェー国内便			
オスロ空港	オスロ市街	B	(Area) National Rail		各方面よりあり	
「オスロ－オンダルスネス」			(Area) National Rail			
オスロ	ドンボス	R	(Area) National Rail	Innenlandske	Oslo－Tromheim	21-021
ドンボス	オンダルスネス	R	(Area) National Rail	Innenlandske	Lillehanmer－Åndalsnes	21-022
「オンダルスネス－ガイランゲル」						
オンダルスネス	ガイランゲル	B	Møre og Romsdal	Sunnmøre	Geiranger－Åndalsnes	220
「オーレスン－ガイランゲル」バス直通						
オーレスン	リンゲ	B	Møre og Romsdal	Sunnmøre	Valldal－Ålesund	220
リンゲ	アイスダール	F	Møre og Romsdal	Sunnmøre	Eidsdal－Linge	15
アイスダール	ガイランゲル	B	Møre og Romsdal	Sunnmøre	Dalsnibba－Åndalsnes	211
「同上」ヘレシルトからフィヨルド経由						
オーレスン	ヘレシルト		Møre og Romsdal	Sunnmøre	Ålesund－Stryn	23-520
ヘレシルト	ガイランゲル		Møre og Romsdal	Sunnmøre	Geiranger－Hellesylt	14-902
「沿岸急行船」						
オーレスン	ガイランゲル	S	ノルウェー沿岸急行船／時刻表／			
ベルゲン	ガイランゲル	S	ノルウェー沿岸急行船／時刻表／			
「ガイランゲルFクルーズ」						
ガイランゲル	ガイランゲル	C				
ノールフィヨルド方面						
ヘレシルト	ストリーン	B	Sogn og Fjordane	Indre Nordfjord	Stryn－Hellesylt	23-520
オーレスン	ストリーン	B	Sogn og Fjordane	Indre Nordfjord	Stryn－Ålesund	23-520
ストリーン	ブリクスダール	B	Sogn og Fjordane	Indre Nordfjord	Stryn－Briksdalen	14-751
「ブリクスダール－ベルゲン」						
ブリクスダール	オルデン	B	Sogn og Fjordane	Indre Nordfjord	Stryn－Briksdalen	14-751
オルデン	ベルゲン	B	Sogn og Fjordane	Indre Nordfjord	Tromheim－Bergen	NW431
リーセフィヨルド方面						
「ベルゲン－スタヴァンゲル」						
ベルゲン	スタヴァンゲル	B	Rogaland	stavanger	Stavanger－Bergen	NW400
ベルゲン市街	ベルゲン空港	B	(Area) Airport Bus		Bergenlufthavn－Bergen	3010
ベルゲン空港	スタヴァンゲル空港	A	Wideroe ノルウェー国内便			
スタヴァンゲル空港	スタヴァンゲル市街	B	(Area) Airport Bus		Flybussen	
「プレイケストーレン行」						
スタヴァンゲル	タウ	F	Rogaland	Boknafjorden	Stavanger－Tau	51
タウ	登り口－徒歩	B	2社が連絡フェリー／バスのセットを運航　時刻表はp79を参照			
A：飛行機　B：バス　F：フェリー　S：船　C：クルーズ船　R：電車						

9-5　検索が不調の場合の対応

注意　地域により入力が遅い、又は記載されないことがあり、検索結果が不審と思われる場合があります。その場合の対応は以下
　　 1、バス・フェリー運行会社の時刻表を入手して補完する。
　　　　（ソグネ・ハダンゲルフィヨルド関係は以下）
　　 2、問合わせをする。
　　　 1）旅行先観光案内所、観光協会
　　　 2）Rutebuk 問合わせ先　support@reiseinfo.no
　　　　　運営に関する問合わせ　nri@reiseinfo.no
　　 3、少し後に行ってみる。(検索用データ入力　原則出発日 4 ヶ月前迄　夏用は 2 月末～3 月)
　　 4、関係する言葉を使って Net 検索してみる

ソグネフィヨルド関連
　ソグネフィヨルド総合時刻表　http://www.kringom.no/
　Rutetabellar
　　Lokalbuss（地方バス）
　　　Indre（内）Sogn（SONE A）　ソグンダール-ソルヴォーン（14 - 153）
　　　　　　　　　　　　　　　　　ソグンダール-ヨステダール（14 - 159）
　　　Indre（内）Nordfjord（SONE F）　ストリーン-ブリクスダール（14 - 751）
　Gjennomgåande bussruter（直通バス）
　Flybuss（空港バス）
　Lokalbåt（地方汽船）
　Ekspressbåt（急行汽船）
　Ferjer（フェリー）　ソルヴォーン-ウルネス　フェリー（14 - 147）

ハダンゲルフィヨルド関連
　ハダンゲルフィヨルド総合時刻表　https://www.skyss.no/en/
　Timetables and maps
　Bus　Hardanger, Kvinnherad and Voss
　　ヴォス-ウルヴィク　ベルゲン-ノールハイムスン　バス　有り
　Boat/car ferry services　ハダンゲルフィヨルドクルーズ　有り

詳細スケジュールの作成計画を立てる　99

9-6　他の方法で確認してみよう

1、Google Map を使って行き方を確認する
　どこでもスマホでも使え、確認のために有効で必需なツールである
　http://www.google.co.jp/maps

　をクリック

　経路選択をする　自動車　電車　徒歩　自転車　飛行機のうち　電車を選択
　出発地を入力
　目的地を入力
　オプションを表示
　　詳細設定　バス　地下鉄　電車　路面電車　の内　バスを選択
　　ルート　最適ルート　乗り換えの少ない　徒歩が少ない　の内最適ルートを選択
　すぐ出発の横の▼をクリックして　すぐ出発、出発時刻、到着時刻、終電　の内
　　出発時刻を選択し月日、時刻を設定する
　　すると経路番号や乗り換えまで詳しく表示される。
　　時刻表が設定されていない場合など表示されない場合があるが現地でのホテルやスマホで確認する。
　　スマホを使い現在地からホテルまでの道順を調べることも出来る。
2、**観光案内所で確かめる**
　　まず観光案内所に行き作ったスケジュール、乗り場を確かめる。
3、**ホテルで確かめる**
　　フロントに問い合わせる。

Wifi が全てのホテルで設定されています。
パソコンも多くのホテルに設置されているので確かめることが出来ます。

4、ノルウェー独自文字の入力方法

● PC
　IME パッドから入力する方法
　　　Unicode ラテン1補助　画面を右へ広げると見つけることが出来る。
　aa、oe、ae を選択し変換で å、ø、æ に変換される
　ワード　挿入 – 記号と特殊文字 – ラテン1補助
●スマホ
　▼iphone 例 a を長押しすると Å、å 等多くの候補が表示される
　▼Android
　1、設定 – 言語と文字入力 – Samsung keyboard（日本語不可）– input language – Norway
　　　入力方法：入力方法を選択 – Samsung keyboard（日本語不可）– 入力方法の選択。
　　　Norway をクリックする。例 a を入力すると　Å、å が表示される。
　2、Samsung keyboard（日本語不可）が表示されない場合
　　　Samsung keyboard（日本語）で日本語入力を使う。
　　　外国語入力用には Google キーボードをインストールして言語設定して使用する。
　▼入力可能サイトからのコピー
　1、Google 翻訳でノルウェー語→日本語にして表示されるノルウェー語キーボードから表示しコピーして使う
　2、Rutebok の Travel　planner の入力画面で特殊文字を表示させコピーして使う

5、その他活用方法
　●レンタカーを使い回遊する方へ
　本方法によりフェリーの時刻表や乗り場地図を得る事が出来ます。
　●パックツアーや沿岸急行船で旅行する方へ
　自由時間に短期の小旅行を計画する助けになるでしょう。

10. 気楽にぶらり旅派の方へ

　行く前に旅行計画を立てるのも楽しみの一つという方もいる反面、Rutebokを操作するなんてまっぴらごめんと言う方も多いと思います。そういったぶらり旅派の方への案内をしましょう。
●本書及びダイヤモンド社発行地球の歩き方北欧編のノルウェーの必要部分を切り取るか、電子版をお持ちください。その上で以下の点を注意して下さい。
1、●8－2、観光期間は必ず確認ください。
　　期間外は目的地に行くことができません。
2、1日に運行が1本しかない次の2か所へ行く場合は乗車時間を必ず守って下さい。
　　　●ハダンゲルフィヨルド回遊
　　　　ヴォーリング滝回遊追加ツアーは必須です。
　　　　予約又はアイフィヨルド下船すぐの観光案内所で申込み下さい。
　　　●ノールフィヨルドのブリクスダール氷河行きバス
　　　　（乗車時間は9－4付表1参考詳細スケジュール表参照）
　　ガイランゲルフィヨルド行き
　　　オンダルスネス経由は2本、オーレスン経由は複数あります。
　　　オーレスン経由はヘレシルト経由でガイランゲルフィヨルドを渡るコースと、直行コースがあります。ヘレシルト経由はガイランゲルFを縦断しますのでクルーズは省略可能です。
　　フロム拠点のソグネフィヨルド、スタヴァンゲル拠点のリーセフィヨルドのプレイケストーレン登頂の2つは数多くの運行があります。
3、ぶらり旅の拠り所は観光案内所です。
　　地球の歩き方北欧編のノルウェーの部の拠点都市の案内地図で場所及営業時間を確認ください。土、日は休みのところもあります。
　　ミュールダール：駅中、フロム：鉄道駅すぐ、ヴォス：鉄道駅すぐ、ベルゲン：港のブリッゲン対岸　アイフィヨルド：下船すぐ　ガイランゲル：船乗場すぐ　オーレスン：海よりの場所　ストリーン：バス停より離れた市街中、スタヴァンゲル：大聖堂近く
　　分かりにくいのはベルゲン、オーレスン、ストリーン。事前に確認しておいて下さい。
4、●土、日は運行時間が違います。観光案内所でも注意してお聞き下さい。
　　（夏には祝日はない）
5、バス、フェリー、観光船は乗車時クレジット払で乗車券を購入し乗り込みます。
　　稀に現金払いの場合があるので1万円程度のノルウェー通貨を持参するのが良いでしょう。
6、13章旅の注意事項は必ず読んでおいて下さい。

11、手配を行う

旅行代理店の使用
　僻地のフィヨルドを回るので従来は大手旅行会社に頼んでいましたが今回は北欧専門旅行会社に計画した日程表を提示して手配をお願いしました。

交通について
　日本・ノルウェー間の航空便、ソグネフィヨルド・ハダンゲルフィヨルドを回遊するセット切符（ノルウェーナットシェル、ハダンゲルナットシェル）、ベルゲン－ガイランゲル間沿岸急行船、ベルゲンからのリーセフィヨルドセット切符の手配をしてもらいました。その他の回遊はバス・フェリーによるため予約や事前の切符入手はできませんでした。当時まだ Rutebok による時刻表検索は知らなかったのでフロム－ラールダール間、ウルネス・ボルグンスターブ教会、アイフィヨルド－ヴォーリング滝間、ガイランゲル－ノールフィヨルド間をうまく行けるか不安でした。最終的な日程表ではこれらの間は「各自ご移動ください」となっていました。

ホテルについて
　代理店と契約のあるホテルは予約できましたが契約のないフォスリ、ストリーンのホテルは自分で予約をしなくてはなりませんでした。
　北欧専門代理店であっても全面的には頼ることが出来ないことが分かりました。
　航空券、列車の手配はどこの旅行代理店でもしてくれます。
　現在はバスやフェリーを除く交通機関、ホテルは自分でネット経由予約購入が出来ます。

11－1　自分で手配する

　ノルウェーのフィヨルドのような特殊な場所の個人旅行のための情報や手配は一般の旅行会社では難しい。北欧専門の旅行代理店は多少相談には乗りますが細部に渡った調査や手配は行ってもらえません。航空券、鉄道の手配は旅行会社で扱うかもしれませんが、地方にお住まいの方々はもとより都会に住んでいる方も今後は自分で調べ、自分で手配する必要が出てくるでしょう。インターネットの発達により交通機関やホテルはネット上で即座に予約することができるようになり最早、旅行会社に依存しなくても手配ができるようになりました。

●航空券の予約、購入
　▼航空券の基礎知識
　　有効期限、直行便・乗り継ぎ便、マイレージ対象航空会社、座席クラス
　　1、帰り便の指定
　　　Fix：帰り便が決まっていて変更ができない
　　　Open：帰り便を渡航先で決めることができるチケット
　　2、途中下車　Stop over：途中で 24 時間以上の滞在ができる

3、到着地と復路出発地
　オープンジョー：往路の到着地と復路の出発点が異なること
　例「Jalでの2、3の利用法」
　二都市以上滞在、運航会社すべて　をクリックして「次へ（旅程パターン選択）」をクリックすると表示される図形パターンを選択して必要項目を入力し検索する。検索サイトでも同様。
4、燃料サーチャージ、入出国税、空港使用料の取扱　別か含まれるか
5、eチケット　通常ネット購入の場合はこれになります。
　メールで送られてくるので印刷して持参し空港のカウンターに提示すると本来のチケットを発行してくれます。
　帰りの便も必要になるので紛失しないようにする。

▼航路調査
　フリーバード　オンライン国際線時刻表を見る。
　https://www.free-bird.co.jp/ScheduleSearch/input.asp

▼国際線
　日本航空　https://www.jal.co.jp/inter　ヘルシンキ経由
　スカンジナヴィアsas航空　http://www.flysas.com/ja-JP/jp/　コペンハーゲン経由
　フィンランドFinair航空　https://www.finnair.com/jp/jp/　ヘルシンキ経由
　座席指定、CheckInもネットからできる。
▼ノルウェー内国内線　ヴィデロ航空　http://www.wideroe.no

▼手配検索サイト　複数の空席ルートが表示されると共に手配もできる。
　Expedia　　http://www.expedia.co.jp/
　DeNA　　　http://www.skygate.co.jp/
　フリーバード https://www.free-bird.co.jp/
　トラベルコちゃん　全検索サイト比較、ここから旅行会社経由手配ができる
　　http://www.tour.ne.jp

▼手配の実行
1、日本からノルウェーに乗り入れる航空会社
　　直行便はありません。
2、最短時間便
　　成田－オスロ間で最も速いのはJALとフィンランド航空でいずれもヘルシンキで乗り換えてオスロに行く。
　　次に早いのはスカンジナビア航空でデンマークのコペンハーゲンで乗り換え約2時間遅れてオスロに到着する。
　　スカンジナビア航空はノルウェー、スウェーデン、デンマークの北欧3国の連合航空会社である。ANA、ブリテッシュ航空他少し遅くなるが経由便は多くの航空会社が運航している。

3、ノルウェー国内間はスカンジナビア航空の子会社のwideroe 又は主要大都市間はスカンジナビア航空が運航している
4、マイルを重視する人に
　マイルを貯めているアライアンスの航空機を希望する人は以下を参考下さい。
　　アライアンス別航空会社一覧　付表3
　　ワンワールドグループ：JAL、フィンランド航空
　　スターアライアンスグループ：全日空、スカンジナビア航空
5、計画している回遊の飛行運航形態
　　回遊計画最短コースの場合
　　　往路：成田→オスロ　帰路：スタヴァンゲル→オスロ　オスロ→成田
　　標準コースとフルコースの場合
　　　往路：成田→オスロ　途中ベルゲン→オスロ
　　　帰路：スタヴァンゲル→オスロ　オスロ→成田
　　いずれも単純な往復ではなく「複数都市周遊」形態となっている。
　　「複数都市周遊」を選択して検索して下さい（但し地方航空便は分離して手配する方が簡便です）。
　　帰り便は帰国時決めるのでなくあらかじめ決めておく方式です（Fix）
6、航空機切符の手配
　方法1　自ら航空会社サイトからネット予約する
　　日付をいれ空席を調べる
　　成田－オスロ間往復
　　　JAL、フィンランド航空、又はスカンジナビア航空のサイトから
　　ベルゲン－オスロ間、スタヴァンゲル－オスロ間のノルウェー国内便
　　　wideroe航空会社　又はスカンジナビア航空サイトから
　　価格を調べ良ければ予約する。
　　席を選択する
　方法2　旅行代理店に手配を依頼する
　　日程、予算を云って依頼する
　方法3　自ら航空券検索サイトから空席便を検索し希望の便を予約する
　1、Expedia
　　　検索表示画面で乗り換え回数、航空会社、出発時間で絞り込みができる。
　　　一旦往路を選択した後で、復路を選択する。
　　　地方航空便は別に検索するのが良い。
　　　返金可能なものを希望する場合　返金可能物件に限って検索できる
　　　日付、曜日をずらすと価格は変動するのを確認して下さい。
　　　予約がとれるかどうかで日程を変更することも考慮することになるでしょう。
　2、DeNAトラベルで検索する
　　　地区別国別空港が表示され外国の都市名を入力しやすい、アライアンス名、キャンセル料、価格順の表示、国内便は当日全便表示、空席ありに限定で使いやすい
　　　価格、所用時間で並び替え可
　　　キャンセル条件（ほとんど返ってこない）

3、トラベルコちゃんで全ての検索サイトを比較する
　　　検索サイトの比較サイトで、20－30社の検索サイトの結果が表示されるのでより良い条件のものがないか確認することが出来る。
　　　直行便、航空会社、アライアンス選択、価格帯、復路変更（open又はfix-open）、乗継時間、支払方法で絞込可
　　　手配は選択した検索サイトに戻って行う
●私の推薦
　　自ら手配し予算価格のもので空席のものを探し出すのは手間も時間もかかります。方法3の航空券検索サイトで比較してその中から最適なものを予約するのが簡便です。
　　但し価格の安い便は変更ができずキャンセルは概ね全額没収されます。
　　確実に行ける目処が立った時期に予約するのが良いでしょう。
●変更、キャンセルの可能性がある場合
　　▼Expediaでは返金可能のものに限って検索できる。
　　　例：標準コース
　　　　　キャンセル可能料金330k¥：キャンセル不可210k¥と1.5倍になる
　　▼航空会社から直接予約する場合又は代理店に依頼する場合は航空券の種類により、一人3～5万円の手数料を払いキャンセルできます。
　　解約時の条件を電話にて確認して手配して下さい。
　　価格は高くなりますが自由に解約ができる航空券もあります。

●鉄道切符の予約、購入
　▼鉄道切符の基礎知識
　　区間乗車券
　　　　予約するとメールでeチケットが送られてくる
　　　　印刷したものがそのまま切符として使えるものもあるが、現地で切符を発券しなければならないものもある。
　　　　通常自動発券機で発券する。慣れないと時間がかかるので早めに行って発券する。
　　鉄道パス
　　　　特典が付く　シニア割引あり
　　　　コンセクティブタイプ：ある期間、毎日連続して移動する周遊型
　　　　フレキシータイプ：毎日は移動せず、1月の内何日と言う風に日数を選べる
　　　　　利用する前に出発駅で使用開始日を決めるためのバリデーションValidationと言う手続きが必要。
　　入手先
　　　ノルウェー国鉄　http://www.nsb.no/
　　　ベルゲン急行は全席座席指定なので座席指定をして購入する。
　　　その他は座席指定の必要はありません。乗車券の入手法は選択できます。

●ナットシェル
　ツムラーレ社扱　http://www.tumlare.co.jp/

鉄道パス乗車券を探す　フィヨルド周遊券の一覧を見る
ヴェルツラ社扱　http://www.veltra.com/jp/
　▼ナットシェルとは
　　　回遊するルートの切符をつなぎ合わせ、有効期間を設定し、その期間は乗車方向での途中下車（宿泊も可）を可能にした、通し切符です。添乗員がついて案内する様な物ではありません。いちいち切符を購入する手間は省けます。
　　　最短の乗り換え推奨スケジュールがありますが、後便にしてもかまいません。
　　　ナットシェル切符がなくても、乗車時に切符を購入し乗車することが出来ます。
　　　フィヨルドへ行くいくつかのコースがあります。ソグネフィヨルドナットシェルはナーロイフィヨルド、スタルハイムを通らないのでお推めできません。

●沿岸急行船　ベルゲン‐ガイランゲル間は夏のみ運航、帰路はない。
　　http://www.hurtigruten-jp.com/
●バスやフェリーは乗車時、主としてクレジット決済で購入する。
　　稀に現金払があります
●ホテル
　　日本語で表示の下記国際版ホテル比較サイトがある。
　　1、Booking.com　http://www.bookin.com
　　　宿泊予定地を入力すると候補のホテルを表示できる。利用予定日を入力すると空室の状況がわかるので希望の部屋を予約する。予約番号が記入されたメールが送られてくるので持参してホテル到着時に支払いをする仕組みになっている。
　　　無料解約ができるか確かめる。通常直前でなければ解約もそのサイトからできる。
　　　解約不能なホテルは避けてください。
　　　価格、ホテルランク、市内中央からの距離、クチコミ順に並べ替えて選択できる。
　　　「お部屋を選択」ボタンを押すと部屋、キャンセル条件、支払方法が表示される。

　　　　　Booking.com　検索結果画面　　　　　Booking.com　ホテル詳細案内画面
　　　検索サイトに登録していない名門ホテル等　目的のホテルが表示されない場合はホテルのホームページより予約するか旅行代理店に頼んでみる。
　　2、エクスペディア　http://www.expedia.co.jp
　　3、hotels.com　　　http://www.hotels.com
●自分で手配する余裕がない場合
　　　計画しているスケジュールを示し「旅行代理店で欠ける所は自分で手配する事」を前提にして依頼する。その際日程や手配で調整する事により費用や観光、祭等の参加改善に参考になる事があれば助言を求めると良い。

11－2　変更、取り消しに備える

　病気、緊急事態のため一旦予約した旅程を変更、又は取り消したい場合が発生する。
　変更は一旦取消後再度購入する。
　旅行代理店が扱う場合は他に手数料概ね1人1件1,500円程度が加算される。
　一般にはキャンセル料を徴収されるので変更の可能性がある場合は出発日近く迄待って予約を行うことを考える必要があります。

航空券
　通常運賃
　　国際線　予約後24時間以内キャンセル　無料
　　　24時間を過ぎると手数料を負担
　　PEX運賃（正規割引　安い価格のものはこれになる）
　　　変更はできない。解約時解約料
　　　Jalの場合：17,500円から35,000円
　　　私の事例：Sas 1ヶ月以上前解約　5万円
　　ノルウェー内国内線　全額没収
　　検索サイトから安価な便を選ぶ場合は変更、取り消しは概略全額没収される
電車代
　出発24時間以上前は手数料なしで解約返金できる。
　出発直前24時間以内の場合は手数料を支払う
　ノルウェー鉄道会社に電話するか駅に持ち込み手続きする。
　旅行代理店は扱いをしないことが多い様である。
　鉄道パスの場合は、発券後は15％の手数料がいる。
　フィヨルド周遊券（ノルウェーナットシェルなど）
　　発券後有効期間内は解約払い戻しできる
　　発券後解約　30％のキャンセル料
沿岸急行船
　乗船61日前までキャンセル料20％
　60－42日間　30％：41－28日間　60％：27－15日間　90％：14－0日間　100％
ホテル
　多くは直近でなければ申し込んだサイトからキャンセルが可能であるが一部キャンセル不能のホテルがある。ヒルトンは1月以上前にキャンセルしたが全額没収された。
　キャンセル可能かどうか表示されているので確認して申し込んで下さい。

11－3　雨に備える

　フィヨルド地方はもともと雨が多く周遊する間に雨になることでしょう。
　ネーロイフィヨルドのように雨が似合うところもあります。
　小さく畳めて軽い、傘や防水服、防寒服、雨天でも滑らない靴がスポーツ用品や登山用

品の店に売られています。雨でも楽しく歩いて回れるようにあらかじめ用意して訓練しておいてください。
　クライマックスであるスタヴァンゲル近傍のプレイケストーレンの天候が最大の関心事となるでしょう。
　スタヴァンゲル地方の長期天気予報。
　　http://www.accuweather.com/en/no/stavanger/260665/weather-forecast/260665

11－4　不測事態に備える

　今回の旅行中、2つの不測事態に遭遇しました。
1、プレイケストーレンに登頂した直後下山途中で妻の両足がつって歩けなくなりました。
　　幸いなことに回復し下山することができました。
　　もし回復できなかった場合はどう対応するのでしょうか。
　　　1、携帯電話で113番に救急電話をかける。
　　　　（電池切れに備え充電器を持参する必要があります）
　　　2、通りがかりの人に下山次第ヒュッテかホテルに救急を頼んでもらう
2、スタルハイムからヴォスに向かおうとしたところ、事故でバスが運行休止になりました。次のバスがあり不測事態になりませんでしたが最終バスであったらどう対応するのでしょうか
　　観光案内所、又はホテルで助言をもらう
　　　1、タクシーを頼む、
　　　2、ヴォスに行く自動車に便乗のお願いをする
　　　3、緊急宿泊して翌日一番のバスで間に合えば乗って行く
　　　　次の日の予定に間に合わなければ次の次の出発地へ直接行く
不測事態対応のために事前準備しておくもの
　電話を使う訓練
　　●現地で電話をうまく使えるか確認する
　　●電池切れ対策がしてあるか確認する。携帯電話充電器
　連絡先一覧表
　　●緊急電話番号　警察＝112　救急車＝113　消防署＝110
　　●宿泊全ホテルの電話番号
　　●全滞在地の旅行案内所電話番号
　　●旅行保険会社現地電話番号
　　●日本大使館（＋47）22012900
　　　Mail:ryouji@os.mofa.go.jp

12、スマホ、タブレットの活用

1、小型で軽く携帯に便利なスマホやタブレットが普及
2、便利なアプリが開発され、多くは無料でダウンロードできるようになった
3、WiFi ルーターがホテル等で設置され無料でインターネット接続が可能になった

上記によりインターネットから乗物、宿泊が自己手配できるようになったことに加え、旅行を便利にする機能が携帯用のスマホやタブレットで実現できるようになりました。旅行は新時代に入りました。

利用法

海外で利用するには電話が使え、小型軽量で携帯ができるスマホが中心になります。
画面が大きく見やすいタブレットやノートパソコンはホテルで使うことになるでしょう。
ホテルには備え付けのパソコンを使うこともできます。(印刷は不可)

海外でスマホ、タブレットを使う目的

1、緊急時や家族との連絡をするための電話 (スマホのみ)
2、向かう先までの経路や近くの店や病院を調べるための地図
3、先行きの天気予報
4、現地の人と通話するための翻訳
5、時刻表検索
6、電子版書籍　旅行ガイドブック

スマホ、タブレットを利用するための用意

1、電源接続変換アダプタ
　　日本と電源プラグの形態が違うので必須。全世界汎用アダプタが便利
2、スマホ、カミソリ、電動歯磨器等複数充電するためのコンセントタップ
3、モバイルバッテリー
　　電源がすぐなくなるので必要。同時利用出来る出力端子数が2−3口あるのが良い。

スマホでインターネットを利用する方法

長電話や路上で長時間インターネットを使うと高額の通信料を電話会社から請求されることがあります。それを防止するために以下のように利用します。
●基本の使い方　ホテルで Wifi を使って利用する。
　現在すべてのホテルに無料の Wifi が設置されていますので、ホテルで SSID とパスワードを聞いて使用する (通常無料)
●どうしてもホテル外の路上等で長時間インターネットを使いたい場合
　方法1　海外用 wifi ルーターをレンタルして持参し、ノルウェー携帯会社の電波を利用して使う (ノルウェー対応　1,280 円／日)
　　(国内空港で調達し、載っている ssid、Password を使って利用後、国内空港で返却する)

方法 2　国内の契約携帯会社が提携しているノルウェー携帯会社の電波を経由して国内携帯会社のインターネット網に接続する
　　　利用時、経由接続の為にローミング設定を ON にし、帰国時 OFF に戻す
　　　　大多数の人が利用している固定料金制の場合一日最高限度 2,680 − 1,980 円／日が自動的に設定されています。（ドコモ、au、ソフトバンク同じ）
　方法 3　その他 sim フリーの携帯電話にノルウェーの携帯会社用の sim を購入して入れ替えて使い、帰国時元の sim に戻す。専門的なのでお勧めしません。
●推薦方法　値段が安く、複数人利用可能な方法 1 を推薦します
●外で使う場合の注意点
　　明るい場所では画面が見えないので使えません。
　　周りへ注意散漫になりやすいのでひったくり、つまずいての転倒に注意して下さい。

海外で電話を使う
　インターネットの様にパケット通信を使いませんので国内利用のままで新たな設定は不要です。
　料金が高くなりますので短時間に済ます、連絡はメールにするようにして下さい。
電話の掛け方　設定不要
　1、日本にいる人に電話する　例　090 - 7777 - 1111
　　＋ 8190 − 7777 − 1111　頭の 0 を削除　固定電話宛も同じ
　　＋は 0 を長押しすると表示される
　2、日本以外の外国にいる人に電話する
　　＋国番号　後は日本に電話する場合と同じ
　3、現地の人に電話する。現地の人の電話番号をそのまま入力する。

12－1　Google 地図を使って所在場所を調べる

● 現在地付近の病院を調べる

❶「もっと見る」をクリック

❷「病院」をクリック

❸ 所在地、電話番号が表示される

スマホ、タブレットの活用　113

●現在地から目的地までの行き方を調べる

❶検索を開始する
　　　　をクリック

❷目的地を入力する

現在地

目的地

❸利用交通機関を選択する

電車　　自動車　　徒歩

❹経路や所要時間が表示される

❺進行方向に地図上の向きを合す　をダブルクリックする	❻進行先に地図が向く　音声で案内スタート
コンパスモードにする 	

12－2　Google 翻訳を使い現地人と会話する

12-3　スマホ画像を使用する

●スマホで撮影した画像を使う
　スマホ画像を現像し、見せたり飾ったり出来るようにする

　富士フイルム代理店の対応
　　以下の２つのうちいずれかの方法を選択する
　１、画像の入ったmicrosdカードを取り出し店に渡し、その中から必要なものを現像する方法
　　１、スマホ本体にあった画像をmicrosdカードに移す
　　　移し方
　　　　ファイルマネージャ（アンドロイドの場合　マイファイル）を開き、すべてのファイルから「Device storage」でスマホ本体を選択しクリックし本体中のフォルダを表示、その中の「DCIM」をクリックして写真を表示させ必要なものをタップして選択し右上メニューからコピーをタップする。次にすべてのファイルに戻りSD memory cardをクリックして　Pictureフォルダを開き右上メニューから「ここに貼付」をタップするとmicrosdカードに移動します
　　２、スマホの電源を切ってmicrosdカードを取り出す
　　　　取り出し方法がボデーを外す等難しい場合がある
　２、専用ソフト「わいぷり」（無料）をスマホにインストールして後は店に任せ、スマホの中の画像を表示させ、必要な画像を抽出して現像する

　１、の方法はmicrosdカードの購入設置、画像の移動、取り外しと手間が掛る。
　２の方法が簡明である。

●スマホ画像をPCに移し、色々に利用する
　▼スマホ・PC間を直接つないで移す方法
　　１、接続コードを使ってスマホとPCを接続する方法
　　　　電源コードを電源プラグ差込口より外すとスマホ・PC間接続コードになります。
　　　　接続するとPCからスマホの中の本体と内蔵したmicrosdカードが見えるので画像が保存されているフォルダを開き必要なものを選択しPCに移動またはコピーする。
　　　　画像が内蔵されるフォルダー　例アンドロイドの場合は通常カメラ画像は「DCIM」
　　　　PCに移すことができればＰＣから印刷も出来るし、USBカードやSDカードに移して持参し現像に出すことが出来る
　　２、スマホから画像の入ったmicrosdカードを取出しＰＣから読み込む方法
　　　　PCにmicrosdカードを読み込む口がない場合はアダプターを用意する
　　３、PCにwifi機能があればスマホに接続し画像を取り出す
　　４、PCにブルートス機能があればスマホに近接して接続し画像を取り出す

▼スマホ画像をクラウド経由で PC に移す方法
　1、Windows Onedrive を使って移転する方法
　　スマホ側の処理
　　　スマホの中に Onedrive をインストールする
　　　スマホの中のギャラリーなどの画像保存データ中の対象画像を選択する
　　　共有ボタン押して Onedrive をクリックする
　　PC 側の処理
　　　Onedrive を開くとクラウド上に画像が送られてきている
　　　その画像を選択してドキュメント中のピクチャーに転送する
　2、Dropbox や Google Drive を使って移転する方法
　　　Onedrive と同様の方法で windows 以外のパソコンに有効な Dropbox や Google Drive を使って移転することが出来ます。
　3、Googlephotos を使って移転する方法
　　スマホ側の処理
　　　スマホの中に Googlephotos をインストールする
　　　Googlephotos を使うと写真を取ると全て、自動的にバックアップされる。
　　PC 側の処理
　　　Googlephotos を開くとクラウド上に画像が送られてきている。
　　　その画像を選択してドキュメント中のピクチャーに転送する。
▼比較するとクラウド経由移すのが簡単である。
　　但し大量の場合は時間と料金がかさむので直接つなぐ方が良い。

●スマホ画像をスマホの盗難、紛失に備えクラウドにバックアップする
　1、Googlephotos を使ってクラウドに自動的にバックアップする方法
　　スマホ側の処理
　　　スマホの中に Googlephotos をインストールする
　　　Googlephotos を使うと写真を取ると全て、自動的にバックアップされる。
　　　電話料が知らないで増えないように実行は Wifi のみに限定しておく。
　　　Googlephotos を開くと画像が送られてきている。
　　　　自動バックアップを止める方法
　　　　　設定－アカウント－ Google　Google アカウントをクリック
　　　　　「Googlephotos バックアップを」　チェックマークを外す
　2、必要な画像のみクラウドにバックアップする
　　　Onedrive、dropbox、google drive をスマホ内にインストールして必要画像を選択して共有設定する。

●デジカメの写真をスマホに移しメール貼付して送る
　1、パソコン経由で移転する
　　1、パソコンにデジカメからＳＤを抜出パソコンの読み口に挿入する
　　2、パソコンとスマホを接続コードで接続する
　　3、SD 中の該当写真をスマホ内の本体又はカード上の DCIM 等の写真保存フォルダー

にコピーする
2、Wifi 付き機能付き sd カードリーダーを使う
　　デジカメのSDカードを同上カードリーダーに装着して付属する Wifi 機能を使い転送する
3、Wifi 機能付き sd カードを使う
　　今までのSDカードの代わりに Wifi 機能付き SD カードを装着して写真を撮り、スマホに関連するアプリを導入し、カードに搭載されている Wifi 機能を通して移転する
4、Wifi 対応デジカメを使う
　　スマホにカメラ専用のアプリを導入し、カメラに搭載の Wifi 機能を使い画像を移転する

12－4　ホテルの WIFI を経由して使い割安で電話する

固定電話宛3円/分、携帯電話宛14円/分、アメリカ中国宛固定携帯とも2円/分の割安料金。
会員同士は無料だが、相手が同じソフトを立ち上げている必要がある

Line	Skype
会員同士に無料電話をかける	会員同士に無料電話をかける
呼び出しに気付かない事もあるので事前にメッセージを送り相手に line を立ち上げて貰う 「友だち」 「無料通話」 相手を呼び出す 　受諾すれば会話開始 ビデオ通話をクリックすると画面を見ながら会話ができる	呼び出しに気付かない事もあるので事前にメッセージを送り相手に skype を立ち上げて貰う 「メンバー」相手を選ぶ 「音声」 相手を呼び出す 　受諾すれば会話開始 ビデオ通話をクリックすると画面を見ながら会話ができる
会員以外に割安電話をかける	会員以外に割安電話をかける
事前にメッセージを送る事は不要 「その他」 「line 電話」 　相手の国を指定 　電話番号入力 　発信 「設定」 　コールクレジットを購入(100円-500円) 　相手が出れば会話開始	事前にメッセージを送る事は不要 「アカウント情報」 「Skype クレジット」 　クレジットを購入（500円から） 「電話と通話」 　相手の国を指定 　電話番号入力 　通話発信 　相手が出れば会話開始

12－5　TouchRetouch を使って写真の不要部分を除く

1、TouchRetouch を開く
2、メニューの中の「ギャラリーから写真を開く」をクリック
3、写真を選択する
4、解像度を選び画像の精度を設定
5、手で作業がしやすいように写真の大きさを拡大または縮小する

使用ボタン一覧

投げ縄	ブラシ	移動	消しゴム	スタート	コピースタンプ	保存	戻る
下段	下段	下段	下段	下段	下段	下段	上段
●取り消して周囲に合わせた背景を挿入する				●取り消して他の画面をコピーし挿入する			
1、「ブラシ」ボタンをクリックしてブラシの太さをセットする 2、「投げ縄」ボタンをクリックし消去する部分を塗りつぶす 3、はみ出た塗りつぶし部分を「消しゴム」をクリックし消す 4、「スタート」ボタンを押す 　消去したい部分が消えて周囲に合わせた画面に修正される 5、上手くいかなかった場合は上段にある「戻る」ボタンを押して最初からやり直す 6、成功したら「保存」ボタンをクリック 　「アルバムに保存します」をクリック 　ファイル名を付けて保存する				1、「コピースタンプ」ボタンをクリックする 　画面上に◎が表示される 2、◎をコピー元の画像部分の先端に置く 3、コピー先の開始部分をクリック 4、コピー元の形状に合わせなぞる 　コピー元の画像の上の◎がなぞった形状に動くのが分かる 　コピー元の画像部分がコピー先に再現される 5、上手くいかなかった場合は上段にある「戻る」ボタンを押して最初からやり直す 6、成功したら「保存」ボタンをクリック 　「アルバムに保存します」をクリック 　ファイル名を付けて保存する			
スマホ用アプリ一覧							
iphone は App Store から Android 系は Play ストアから表に記載した名前のアプリをダウンロードして使用してください。							

12-6　スマホの旅行用必須アプリ

内容	適用	価格	アプリ名
「事前準備する」			
ガイドブックの必要部分コピー	ai		Camscanner
地球の歩き方北欧ノルウェー編（電子版）	ai	580円	Amazon Kindle ダウンロード
飛行航路調査	ai		フリーバード
安値探索　　　　　航空機	ai		トラベルコちゃん
ホテル	ai		エクスペディア
長期天気予報	ai		AccuWeather
ネット調査画面を保存する	a		画面メモ
	i		safari reading list に追加
スマホの画面をコピーする			スクリーンショット 電源ボタン＋ホームボタン
「現地で使う」			
GoogleMap を使う	a		Map
現在地、店、病院を探す、経路表示	i		Google Maps
方位を知る	a		コンパス
	i		ホーム画面便利ツール内にあり
翻訳（ノルウェー語、英語、日本語）	ai		Google 翻訳
通貨換算	ai		currency
旅行中の絵はがきを送る	ai		投函しまーす
インターネット電話で掛ける	ai		Line
	ai		Skype
「事故に備える」			
事故対応	ai		海外サポート
スマホ紛失	a		Android デバイスマネージャ
	i		iCloud iPhone 探す

a は android 系、 i は iphone です。
価格欄空白は無料

タブレット用も同様のものが多い

13、旅の注意事項

公共交通機関を利用して回遊した実際に経験した中で得た注意事項です。

夏冬の営業期間、曜日、時間の確認
　夏季のみ営業している所が多い。かつ夏も早く閉める。
　曜日により営業時間は異なる。
　「地球の歩き方　北欧」（ダイヤモンド社発行）に掲載の営業期間や時間は正確。
　冬は寒く直ぐ日暮れとなり観光施設は休む。観光には向かない。

支払手段について
　北欧はクレジット社会で電車、バス、タクシーなどでも使える。Visa、Master など日本で一般的なカードは使える。クレジットのパスワード（pincode）を必ず携帯する。本人確認方法はパスワード入力方式が多い。サイン方式はだめなところが多い。
　例外として地方の電車、タクシー、露天商など現金払いのところもある。1 万円程度の現地貨を手持ちする。

予算を多めに考える
　消費税 20 − 30％の為もあり消費物価は日本の 1.5 倍くらいの感じ。予算は多めに考えておく。

シニア、子供、障碍者割引、Taxfree
　割引適用を確かめる。子供は 16 才未満。
　高額品は Tax free が可能。列車の子供用ワゴンは要予約。犬も料金払えば乗車可能。

寒さ対策をする
　1、夏は日本の初夏の感じだがフィヨルドクルーズでは風もあり寒いので風を通さない
　　上着が必須。
　2、北極圏へ行く場合は夏でも急に寒くなることがあり厚手下着、手袋、帽子を用意する。

荷物預け　スーツケースよりリュック
　コインロッカーがあるとは限らない。
　移動持ち運びが出来る様、背負紐付スーツケースやリュックサックにする。すぐわかるようタップをつけておく。
　原則：遊覧する場所はホテルに泊まりホテルに預ける。

荷物盗難防止
　縛るチェーンを持参するのもよいでしょう。

固定用テープ、薬
　トレッキングでけがをする可能性もありテープ、常備薬を持参する。

地方は駅に近いホテルを選ぶ
　地方の駅は無人、タクシーもいない。
　地方の場合は停車駅に近いホテルが安心。

夜につく場合の対応
夜遅く着く場合はホテルに行くのに困惑する。ホテルの電話番号、タクシーの電話番号を控えておく。

現地でスマホのgooglemapを使う訓練をする
歩いていく道順などが表示される優れもの。

道を聞く
不明確な聞き方やあやふやな回答もあるので2人に聞いて確認する。

天気予報を調べる
フィヨルドは雨が多いのでホテルで天気予報を調べる。天気次第で予定を検討する。

曜日、日にちに注意
夏冬期間、曜日で異なる運航。特に土曜日は少ない。

国民休日
1/1　*4/2 4/3 4/5 4/6*　5/1　*5/14 5/24 5/27*　5/17　12/25　12/26
下線イタリックの7日は年により変わる。夏に祝日はない。

食事の時の足元に注意する
大半がヴァイキング方式の食事。食べものに気を取られ足元がおろそかになり転びやすい。特に足元に段差がある場合は要注意。

ホテルのインターネットで事前に調べる
気がかり事項はホテルのインターネットで事前に調べる。宿泊したフィヨルドのホテルは全件Wifiに接続できた。

盗難犯罪に注意
ノルウェーは比較的に安全であるがオスロやベルゲンのような大都市は注意。荷物を持ち上げ時やスマホを見ている時等、無防御になり財布を抜かれるので注意。

旅行保険に入っておく
単独の旅行保険に入る。交通費をクレジット払いするとその間は旅行保険が適用になるのでクレジット払いがお勧めです。最低限の役には立つでしょう。

オーロラは期待できない
北極圏の3月、10月夜9時からが確率が高いといわれる。
夏のフィヨルド観光では期待できない。

サイクリング
坂、急カーブが多くマウンテンバイクの経験がいるように思われる。事前の練習がいる。

8時間の時差
日本－ノルウェー間とは夏7時間の時差がある
フィンランドからくる場合1時間遅らせる。
デンマーク、スウェーデン、ノルウェー間では時差は無い。

トイレ
全般的に少ないのであるところで済ませておく。
10クローネの有料トイレがほとんどです。10クローネ硬貨を複数枚必携。

バスの乗り方
切符入手
切符は乗車時にバスの運転手に料金を支払い入手します。

まれに現金払いの場合もありますが通常支払いはクレジットです。
子供、シニア、障碍者割引を申し込んでみる。
行き先の確認
同じ地名の中にいくつもバスの停車駅がある場合があります。
必ず行き先のホテルの名前を言って降りる駅の確認をして下さい。
乗車座席
車中では次の停車駅の案内もないし表示も出ません。
前のほうの座席に座って運転手に降りる駅を随時確認するようにして下さい。
下車時の確認
降りる際にはホテルの行き方、乗り換え場所を運転手から聞いておいて下さい。
バス降り場には駅名の記入がありません。無人のところもあります。
翌日の乗り場の確認
降りたら、翌日乗る乗り場、掲示板の乗車時刻を確認して下さい。
乗り物は通常時刻通りに来ます。
運行本数が少ないので乗り過ごすと大変なことになる。
降車時確認出来なかった場合は早めに行って確認して下さい。
早目に並ぶ
今まで満席で乗れないという事はありませんでしたが安全のために早めに並んで待っていて下さい。
その他
バスには時刻表ブックを備え付けているのでもらっておくと便利です。

バス運転手、カードリーダー、釣り銭袋持参　一人三役

14、結　び

　旅行計画を立てるための支援ツールとして日本でも「乗換案内」などがあり、経路や費用が表示され大変便利です。自動車でドライブする経路はカーナビや Googlemap で詳細に表示される上、音声の案内があり便利になっています。

　10 年以上前、浜松の遠州バスの停留所にバスの現在位置を知らせるランプがあり大変感心しました。私の所の神奈川中央交通でも採用するのを待っていましたが一向に導入されませんでした。しかし最近パソコンやスマホで運行状況を表示するシステムを導入し「五分遅れで到着します」といった案内がされるようになりました。

　本邦では今回初めて Rutebok の使い方を紹介し、自分流にフィヨルドを自由旅行する計画を立て手配する為のお手伝いをさせてもらいました。レンタカーで回遊する人にもフェリーの時刻表や乗り場を調べる事が出来有用です。パック旅行や沿岸急行船で旅行する人にとって自由時間の小旅行を計画する時にも役に立ちます。

　本書を作成するにあたって苦労した点の一つはノルウェーの地名を日本語で表現する事でした。ダイヤモンド社発行の「地球の歩き方ノルウェー編」、NTT 出版発行の村上まさゆき著「ノルウェーフィヨルドの旅」、ノルウェー観光協会発行「フィヨルドノルウェー旅行ガイド」に掲載されている名称を参考にして、記載されていない地名についてはノルウェーに詳しい方の助言をいただいて記載しています。ノルウェー語にはボークモールと西ノルウェーのフィヨルド地帯で使われるニーノシュクがあり、フィヨルド地域の日本語表現は一様でないようです。二つ目は Rutebok に正しい旅程が検索表示される為の原となる路線時刻表の入力についてです。特に 2016 年の年初急にソグン地方のデータの入力が不安な状況になりました。改善依頼をしていますので 2017 年以降改善されるでしょう。Rutebok は大変良くできた非常に有効な時刻表検索システムで自由旅行に必須です。適時に正しい検索結果が表示されるようフォローして行きます。

　ノルウェー語も不案内、ノルウェー事情も詳しくないので間違いや未熟なところがあると思いますが世界で第一級の絶景地への旅行計画を立てる時の参考になれば幸いです。
最新情報や修正点は漸時弊会ホームページ http://www.santaletter.jp 又は修正電子版にて更新しますので参照ください。

　お気付きの点がございましたら下記アドレス宛メールをいただければ幸いに思います。
　Mail renraku@santaletter.jp

　サンタレター協会は毎年クリスマスに、子供様宛にオリジナルデザインによる便箋に、兄弟姉妹異なる文章の日本語又は英文の手紙を、オリジナルデザインの封筒に入れて、フィンランドのサンタクロースからお届けします。オリジナルシール付きで各種割引制度が有り同種最安値です。
　　申込先　http://www.santaletter.jp、楽天市場、Yahoo ショップ

付表1　ノルウェー時刻表の見方

●ノルウェー時刻表の特徴
ノルウェーは冬、氷結するので観光施設の多くは休業になり交通機関も休止します。あってもダイヤが大幅に縮小します。
また従業員が夏の短い期間を享受するために土曜日、日曜日は間引き運転になります。
複雑な時刻表を1ページに圧縮して表示するために特殊な表現法が取られています。
運転期間、運転曜日を確認するために特殊な表現法を読み解く事が必須です。

●運転期間の表示
以下の様に注＊を付けて一括表示しているものがあります。
Ikkje 除く、berre のみで期間を限定しています。
色で区分したり、別々の表にしているものもあります。

例　全体としての適用期間　2015/5/26-2016/6/18
＊、＊＊でその内不適用期間を設定し適用期間を限定しています。

	＊			＊＊
26/5 15-18/6 16	D	S	DX67	DX67
Stryn rb.st.	945	1345	1530	
Olden sentrum	1000	1410		1550
Briksdalen	1045			1620

＊ Ikkje 1/5 14-31/5 15. Ikkje 1/9 15-18/6 16.　＊＊ Ikkje 1/5 14-20/6 15. Ikkje 16/8 15-18/6 16.

注記の除外期間を図示し限定期間を算出すると以下のようになります。

全体期間　2015/5/26　　　　　　　　　　　　　　　2016/6/18
限定期間　＊　2015/6/1　　　　　2015/8/31
2014/5/1　2015/5/31　　　　　　　　　　　2015/9/1　2016/6/18
限定期間＊　＊2015/6/21　　　　2015/8/15
2014/5/1　2015/6/20　　　　　　　　　　2015/8/16　2016/6/18

結局適用期間は以下のようになります。（S 通学用で除外）

適用期間	2015/6/1-8/31	2015/5/26-2016/6/18	2015/6/21-8/15
	＊		＊＊
適用曜日	D	DX67	DX67
Stryn rb.st.	945	1530	...
Olden sentrum	1000	...	1550
Briksdalen	1045	...	1620

●運転曜日の表示
適用曜日は内容指示記号と曜日を表す数字の組み合わせで表します。
内容指示記号　X　除く
従って　DX67　土曜、日曜日を除く平日
　　　　DX6　　土曜日を除く毎日
　　　　6　　　土曜日のみ
　　　　7　　　日曜日のみ
　　　　1234　月火水木曜日のみ

1 = Måndag	月曜日
2 = Tysdag	火曜日
3 = Onsdag	水曜日
4 = Torsdag	木曜日
5 = Fredag	金曜日
6 = Laurdag	土曜日
7 = Sundag	日曜日
D = Dagleg	毎日
H = Sundag og Helligdag	日曜日と祝日
S = Skuledagar	通学用

21/6-24/10 16	DX67	DX67	DX67	DX67	6	6	7	7
Bergen busstasjon	1140	1350	1525	1715	1140	1525	1525	1715
Handelshøyskolen	1146p	1356p	1530p	1720p	1146p	1530p	1530p	1720p
Eidsvåg E39	1148p	1358p	1531p	1721p	1148p	1531p	1531p	1721p
Åsane terminal	1155p	1405p	1535p	1725p	1155p	1535p	1535p	1725p
Birkeland kryss	1158p	1408p	1538p	1728p	1158p	1538p	1538p	1728p
Blindheim kryss	1159p	1409p	1539p	1729p	1159p	1539p	1539p	1729p
Gaupås kryss	1201p	1411p	1541p	1731p	1201p	1541p	1541p	1731p
Orfallet E16	1203p	1413p	1543p	1733p	1203p	1543p	1543p	1733p
Sætre Ytre Arna	1204p	1414p	1544p	1734p	1204p	1544p	1544p	1734p
Bjørkhaug	1205p	1415p	1545p	1735p	1205p	1545p	1545p	1735p

13：50は土、日曜日は運航されないことが分かります。

●往路 - 復路
　Rutebokでは画面上段のボックス区分にTur（往路）Retur（復路）と表示してあるのでここで切り替えます。
　又は画面左上のKlikk her for turtabell（往路）又はKlikk her for returtabell（復路）の表示をクリックして下さい。

時刻表で良く使われるノルウェー語

ikkje	除外、除く	berre	限定、のみ、だけ
tur	往路	rutetider	時刻表
retur	復路	perioden	期間
Forrige dag	前日	avgang	出発
Neste dag	翌日	stopper	停止
epost	メールアドレス	Stopper vedbehov	ニーズにより停止
hjemmeside	ホームページ	Stopper dersom passosjorn	顧客要求で停止
tlf	電話番号	tide	時間
drosje	タクシー	merknader	注意事項
For aurfigning	下車用	For pastdigning	搭乗用
timar	営業時間		
om	経由	sja	見ます
i	で	er	あります
til	へ	Stengt	閉じました
mot	に対して	før	前
og	と	når	いつ
er	あります	for	ために

Google 翻訳

https://translate.google.co.jp/
ノルウェー語から日本語に一括翻訳できる。
文章をまるごとコピーし貼り付ける。単語単位で張り付けると単語の翻訳が出来る。
又はノルウェー文字を入力できるキーボードが表示されるのでノルウェー文字を入力。
音声入力、出力が出来る。

付表2　フィヨルド - アイウエオ順ノルウェー語地名一覧

日本語地名	ノルウェー語地名	場所説明
ソグネフィヨルド		
アウルラン	Aurland	アウルランフィヨルド村
アウルランフィヨルド	Aurlandsfjord	ソグネフィヨルド支流
ヴァトナハルセンホテル	Vatnahalsen hotel	フロム鉄道乗車直ぐに見えるホテル
ウルネス	Urnes	教会へ行くフェリー乗り場
ウルネススターヴ教会	Urnes Stavkyrkje	
ウンドレダール	Undredal	アウルランフィヨルド村
オームズ氷河	Omsbreen	ヒョス滝源流
オスロ	Oslo	ノルウェー首都、ベルゲン急行始点
オッテルネス農場	Otternes Bygdetun	フロム発
オップハイム湖	Oppheimsvatnet	スタルハイム - ヴォス間
カウパンゲル	Kaupanger	フロム、ラールダール行フェリー乗り場
カウパンゲル教会	Kaupanger	ソグンダール発
グドヴァンゲン	Gudvangen	ソグネフィヨルドクルーズ拠点
グドヴァンゲン渓谷	Gudvangendalen	グドヴァンゲンスタルハイム間渓谷
グドヴァンゲンフィヨルテル H	Gudvangen Fjordtell	ヴァイキング風
シヴレ滝	Sivlefossen	スタルハイム
シェル滝	Kjelfossen	グドヴァンゲン直近
スタルハイム	Stalheim	古くからの峠上の絶景地
スタルハイムスクレイヴァ	Stalheimskleiva	スタルハイムの急坂
スタルハイムホテル	Stalheim hotel	伝統のホテル
スタルハイム滝	Stalheimsfossen	スタルハイム在
スッペラ氷河	Supphellebreen	ファーラン発
スティーヴィ	Styvi	ネーロイフィヨルド村
ステーガスタイン展望台	Stegastein	フロム発
ソグネフィヨルド	Sognefjord	
ソグンダール	Sogndal	ソグネフィヨルド本流拠点
ソルヴォーン	Solvorn	ウルネス教会経由地
デュールダール	Dyrdal	ネーロイフィヨルド村

付表2　フィヨルド－アイウエオ順ノルウェー語地名一覧　129

ティーインクリィセ	Tyinkrysset	ボルグン教会経由地
ツヴィンデの滝	Tvindefossen	スタルハイム－ヴォス間
ニガード氷河	Nigardsbreen	ヨステダール発
ネーロイフィヨルド	Nærøyfjord	ソグネフィヨルド支流
ネーロイ渓谷	Nærøydalen	ネーロイフィヨルド渓谷
ノーリ農場	Nåli	スタルハイム
バイテレン	Beitelen	ネーロイフィヨルド曲り道
ハウガストル	Haugastøl	ララール街道始点
ビィグドイ	Bygdøy	オスロ博物館地区
ヒョス滝	Kjossfossen	フロム鉄道途中滝
フィナフィヨルド	Finnafjord	ソグネフィヨルド支流
フィンセ	Finse	ベルゲン急行駅
ファーラン	Fjæland	氷河観光拠点
ファーランズフィヨルド	Fjælandsfjord	ソグネフィヨルド支流
フレイシャーホテル	Fleischer's	ヴォス老舗ホテル
フレットハイムホテル	Fretheim	フロム老舗ホテル
フロム	Flåm	ソグネフィヨルド観光拠点
フロム渓谷	Flåmsdalen	ミュールダール－フロム間渓谷
フロム鉄道	Flåmsbana	
ペール シヴレ	Per Sivle	スタルハイム　詩人
ベレクヴァム	Berekvam	フロム鉄道中間駅
ホッペルスタッド教会	Hopperstad stave church	ソグンダール発
ボイヤ氷河	Bøyabreen	ファーラン発
ボルグンスターヴ教会	Borgund Stavkyrkje	
ミュールダール	Myrdal	フロム鉄道乗換駅
ヤイロ	Geilo	ベルゲン急行駅
ヨステダール	Jostedal	ニガード氷河行拠点
ヨステダール氷河国立公園	Jostedalsbreen Nasjonal park	
ヨトゥンヘイメン	Jotunheimen	ヨステダール氷河国立公園在エリア
ヨトゥンヘイメン国立公園	JotunheimenNasjonal park	
ラールダール	Lærdal	フロム－ソグンダール中間地点
ララール街道	Rallarvegen	サイクリング
リレハンメル	Lillehammer	ボルグン教会別経由地
ルスタフィヨルド	Lusterfjord	ソグネフィヨルド支流

ヴォス	Voss	ソグネ、ハダンゲルフィヨルド拠点
ベルゲン	Bergen	フィヨルド観光拠点
ベルゲン急行鉄道	Bergensbana	
	ハダンゲルフィヨルド	
アイフィヨルド	Eidfjord	ヴォーリング滝停船駅
ヴァラビーク	Vallavik	ハダンゲル橋端
ヴォーリング滝	Vøringusfossen	最高の滝の眺め
ウトネ	Utene	ハダンゲルフィヨルド沿岸村
ウルヴィク	Ulvik	ヴォスから往復地点
ウレンスヴァングホテル	Hotel Ullensvang	ロフトフース豪華ホテル
オッタ	Odda	ソルフィヨルド先端村
シャルヴェ滝	Shjerve fossen	ウォス－ウルヴィク間滝
シュゲドール	Skjeggedall	トロルトゥンガ登り口
シンサルヴィーク	Kinsarvik	ハダンゲルフィヨルド沿岸村
スタインスダール滝	Staindalsfossen	ノールハイムスン近傍滝
ソルフィヨルド	Sørfjord	ハダンゲルフィヨルド支流
ティジョフロット	Tjoflot	ヴァラビーク間サイクリング
トロルトゥンガ	Trolltunga	絶景トロルの舌　オッタ発
ノールハイムスン	Norheimsund	ベルゲンから往復地点
ハダンゲル高原	Hardangervidda	
ハダンゲル高原国立公園	Hardangervidda Nasjonal park	
ハダンゲルフィヨルド	Hardangerfjord	
ハダンゲル橋	Hardanger bridge	2013年完　歩道、自転車道有
ハングレン山	Hanguren	ヴォス
ブ	Bu	ハダンゲル橋端
ブア氷河	Buarbreen	オッタ発
フォスリ	Fossli kryss	ヴォーリング滝上バス停
フォスリホテル	Fossli hotel	
フォルゲフォンナ国立公園	Folgefonna Nasjonal park	
フォルゲフォンナ氷河	Folgefonnabreen	ヨンダル発
フセ渓谷	Husedalen	4滝が隣接するトレッキング
フロイエン山	Fløyen	ベルゲンの世界3大夜景山頂
ヘランド	Herand	ハダンゲルフィヨルド沿岸村
モーボー渓谷	Måbodalen	ヴォーリング滝下渓谷
ソニア女王の道	HM Queen Sonja	ハダンゲルフィヨルド眺望道

付表2　フィヨルド-アイウエオ順ノルウェー語地名一覧　131

ヨンダル	Jondal	氷河探訪拠点
ローゼンダール	Rosendal	ベルゲンからフェリー
ロフトフース	Loftfus	ソルフィヨルド沿岸村
	ガイランゲルフィヨルド	
アクスラ山	Aksla	オーレスン在の絶景山頂
ヴァルダール	Valldal	3F経由ガイランゲル行フェリー始点
ヴェステルオース展望台	Vesteråsfjellet	ヴェステルオース牧場から行く
ヴェステルオース牧場	Vesterås gart	アルパカや山羊等の牧場
ヴェステルオースセトル山	Vesteråssætra	ヴェステルオース牧場から行く
アイスダール	Eidsdal	リンゲ間フェリー乗り場
オールネスヴェイン	Ørnevegen	鷲の道　ヘアピン坂
オールネスビンゲン	Ørnesvingen	鷲の曲がり角ヘアピン坂頂上
オーレスン	Ålesund	ガイランゲル行バス始点
オンダルスネス	Åndalsnes	ガイランゲル行バス始点
ガイランゲル	Geiranger	
ガイランゲルフィヨルド	Geirangerfjord	
ガイランゲルホテル	Hotel Geiranger	フィヨルド隣接ホテル
サニーヴス	Sunnylvsfjord	周辺フィヨルド
シーヴソフトレ	Syu Søstrefossen	7姉妹（seven sisters）滝
スカゲフロ農場	Skageflå	7人姉妹滝の前にある廃棄牧場
ストールセタ滝	Storsæterfossen	ヴェステルオース牧場から行く
ストランダ	Stranda	liabygda間フェリー乗り場
ストルフィヨルド	Storfjord	周辺フィヨルド
ターフィヨルド	Tafjord	周辺フィヨルド
ダルスニッパ展望台	Dalsnibba	フィヨルドを遠望する有名な展望台
トロールヴェーゲン	Trollveggen	トロールの壁　両岸絶壁で有名
トロルスティーゲン	Trollstigen	トロールの梯子　ヘアピン坂
ドンボス	Dombås	ラウム鉄道始点
ノーリ旧農場跡	Nåli	スタルハイムの放棄牧場
ノルドダルスフィヨルド	Norddalsfjord	周辺フィヨルド
フリアレン滝	Friaren	7人姉妹滝の前　求婚者の滝
フリーダールスユーヴェット	Flydalsjuvet	フィヨルドを正面より遠望する名所
ヘレシルト	Hellesylt	ストリーン、オーレスン経由地
ホテルユニオン	Hotel Union	伝統ホテル

ホムロング	Homlong	スカゲフロ農場から下る
モルデ	Molde	飛行場、沿岸急行船あり
ラウム鉄道	Raumabanen	車窓の景色が有名
リンゲ	Linge	アイズダール間フェリー乗り場
ロスタ展望台	Løsta	ヴェステルオース牧場から行く
	ノールフィヨルド	
オルデン	Olden	クルーズ船到着港
オルデン渓谷	Oldedalen valley	オルデン―氷河間渓谷
オルデ湖	Oldevatnet	バス途中の２つの美しい湖
カンネスタイン岩	Kannesteinen rock	西端海岸奇岩
スタッド	Stad	荒れる西端海岸
ストリーン	Stryn	氷河行きバス始点
西岬	West Cape	ノルウェー最西端美しい海岸風景
ノールフィヨルド	Nordfjord	
ブリクスダールヒュッテ	Briksdalsbre Fjellstove	
ブリクスダール滝	Briksdalfossen	登り口直ぐの大きな滝
ブリクスダール氷河	Briksdalsbreen	ヨステダール氷河支流氷河
ブリクスダール	Briksdal	バス終点
ブリクスダール氷河国立公園	Briksdalsbreen Nasjonal Park	
ブレンダルス氷河	Brenndalsbreen	オルデン渓谷支流氷河トレッキング
ホーニンダルスヴァトネ湖	Hornindalsvanet	ヨーロッパ最深澄んだ青い湖
ヨステダール氷河	Jostedalsbreen	ブリクスダール氷河の本流氷河
ローエン	Loen	ノールフィヨルド東端
	リーセフィヨルド	
ヴァトネリンダ尾根	Vatnerinda ridge	登り口周辺の散策地
ウルハーツコーン	Ulvaskog	登り口周辺の散策地
エイガーストウル	Øygardstøl	シェラグ登り口
オアネス	Oanes	リーセフィヨルド西端
シェラグボルテン	Kjeragbolten	二つの山に挟まれた岩
シェラグ	Kjerag	岩上からの絶景の地
スタヴァンゲル	Stavanger	
タウ	Tau	フェリー乗り場　バス始点
パルピットロック	Pulpit rock	司教の説教壇が乗る四角い岩
プレーケストーレン	Prekestolen	司教の説教壇

付表2　フィヨルド－アイウエオ順ノルウェー語地名一覧　133

プレケストールヒュッテ	Prekestolen hytta	
プレケストールフェルステュー	Prekestolen Fjellstue	宿泊所
ヘンジャネニッボー山	Hengjanenibbå	リーセフィヨルド周辺高山
モスリフェル山	Moslifjell	プレイケストーレン途中横道の山
ヨースペラン	Jørspeland	タウと登り口ヒュッテ中間場所
リーセフィヨルド	Lysefjord	
リーセボーテン	Lysebotn	リーセフィヨルド東端
ルフスヴァルネット湖	Refsvatnet	登り口下の大きな湖

付表3　航空会社アライアンス

スターアライアンス	スカイチーム	ワンワールド
アシアナ航空	アエロフロート・ロシア航空	アメリカン航空
アドリア航空 R	アエロメヒコ航空	イベリア航空
アビアンカ-TACA 航空	廈門航空	エア・ベルリン
エア・インディア	アリタリア-イタリア航空	S7 航空
エア・カナダ	アルゼンチン航空	カタール航空
エーゲ航空	エア・ヨーロッパ A	カンタス航空
エジプト航空	エールフランス	キャセイパシフィック航空
エチオピア航空	ガルーダ・インドネシア航空	スリランカ航空
エバー航空	KLM オランダ航空	TAM 航空
オーストリア航空	ケニア航空 A	**日本航空**
クロアチア航空 R	サウディア	フィンエアー
コパ航空	大韓航空	ブリティッシュ・エアウェイズ
シンガポール航空	タロム航空	マレーシア航空
深圳航空	チェコ航空	US エアウェイズ
Swiss international airlines	チャイナエアライン	ラン航空
スカンジナビア航空	中国東方航空	ロイヤル・ヨルダン航空
全日本空輸	中国南方航空	
タイ国際航空	デルタ航空	
TAP ポルトガル航空	ベトナム航空	
中国国際航空	ミドル・イースト航空	
ターキッシュ エアラインズ		
ニュージーランド航空		
ブリュッセル航空		
南アフリカ航空		
ユナイテッド航空		
ルフトハンザドイツ航空		
LOT ポーランド航空		

付表4　関連サイトQRコード

全国時刻表検索 Rutebok	ノルウェー観光協会	フロム観光協会
ソグネフィヨルド観光協会	ハダンゲルフィヨルド観光協会	ベルゲン観光協会
ガイランゲルフィヨルド観光協会	オーレスン／ガイランゲル協会	ノールフィヨルド観光協会
スタヴァンゲル観光協会	ノルウェー天気予報	在ノルウェー日本大使館
在日本ノルウェー大使館	飛行機検索エクスペディア	ホテル検索 booking.com

ノルウェー全国時刻表検索 Rutebok で注意マークが出る場合は案内に従って進めて下さい。

**Myway 歩いて体感
ノルウェー5大フィヨルド
自由旅行必携ガイドブック**

2017年5月10日　第1刷発行

著　者　サンレター協会　塚本正巳・紀子
発行者　伊東英夫
発　行　株式会社 愛育社出版
　　　　〒116-0014　東京都荒川区東日暮里5-5-9
　　　　電話 03-5604-9431　FAX 03-5604-9430

装　丁　石川甲介

印刷所　日本フォトケミカル株式会社

定価はカバーに表示してあります。
万一乱丁、落丁などの不良品がありました場合はお取り替え致します。

Ⓒ Masami Tsukamoto & Noriko Tsukamoto 2017
Printed in Japan

ISBN978-4-909080-05-9 C0026